四川省2020年度社科规划项目（普及项目）：SC20KP019

U1010226

音乐常伴人生

——大众居家音乐健身指南

YINYUE CHANGBAN RENSHENG

——DAZHONG JUJIA YINYUE

JIANSHEN ZHINAN

杜康华　著

电子科技大学出版社
University of Electronic Science and Technology of China Press
·成都·

图书在版编目（CIP）数据

音乐常伴人生：大众居家音乐健身指南 / 杜康华著.
—成都：电子科技大学出版社，2022. 6
ISBN 978-7-5647-9519-1

Ⅰ. ①音… Ⅱ. ①杜… Ⅲ. ①音乐－应用－健身运动
－指南 Ⅳ. ①G883-62

中国版本图书馆 CIP 数据核字（2022）第 047728 号

音乐常伴人生——大众居家音乐健身指南

杜康华　著

策划编辑　张　鹏　曾　艺
责任编辑　谢应成　张　鹏

出版发行　电子科技大学出版社
　　　　　成都市一环路东一段 159 号电子信息产业大厦九楼　　邮编　610051
主　　页　www.uestcp.com.cn
服务电话　028-83203399
邮购电话　028-83201495

印　　刷　成都市火炬印务有限公司
成品尺寸　170mm×240mm
印　　张　6.25
字　　数　112 千字
版　　次　2022 年 6 月第 1 版
印　　次　2022 年 6 月第 1 次印刷
书　　号　ISBN 978-7-5647-9519-1
定　　价　28.00 元

前　　言

全民健康是国家综合实力的重要体现，是经济社会发展进步的重要标志。居家健身是实现全民健康的重要途径和手段，是广大群众增强体魄、幸福生活的基础保障。早在20世纪50年代，“准备劳动与卫国体育制度”（又称“劳卫制”）的实施，就掀起了新中国全民体育锻炼的热潮。而2020年，国家体育总局下发了《关于大力推广居家科学健身方法的通知》，向居家群众提供各种在线信息，让越来越多的人意识到身体健康重要性的同时，也极大推进了大众居家音乐健身活动爆发式增长。目前，学界对居家健康方式梳理的较少，仅见从大众居家健身功能、理论出发展开讨论的。基于此，本书针对不同人群大众居家音乐健身行为诉求，阐释居家音乐健身的入门与准备，音乐选择运用，健身动作设计，人、机、环因素选择，动作设计实施和健身风险防范，以期为大众居家音乐健身提供借鉴和参照。具体内容如下：

1. 大众居家音乐健身的入门与准备。音乐与居家音乐健身的联系点在于使用合适的音乐为不同的身体运动需求营造不同的健身氛围，长期久坐、缺乏锻炼则损害身体健康。在不同人群中，主要疾病的种类可能略有不同，但是亚健康及不同疾病在每一个年龄段都有一定的增长。基于此，大众居家音乐健身诞生了，并表现出平衡功能诉求、专门功能诉求、进阶功能诉求和叠加功能诉求等特点。其健身准备包括：自我身体指标初步评估、设定居家音乐健身目标、记录居家音乐健身结果、选择居家音乐健身方案。

2. 大众居家音乐健身的音乐选择运用。音乐欣赏能移情易性，益智健脑，极富想象力的旋律，优美的和声织体，诱人深思的复调，可以促使人的大脑神经元相互间进行的信息交换。因此，依据大众居家音乐健身的特点与原则，音乐要选择安抚情绪的轻音乐、激发激情的动感音乐、激活兴趣的个性音乐；在运用音乐时，要坚持主导性运用、专题性运用、氛围性运用；具体运用形式包括：声乐欣赏与居家音乐健身、歌曲演唱与居家音乐健身、管弦乐曲与居家音乐健身、弹奏乐曲与居家音乐健身。

3. 大众居家音乐健身的动作设计。大众参与体育运动的主要目的是强身健体，塑造身体健康形态，同时增强居家音乐健身知识的学习和掌握。在动作设计上要遵循满足居家人群认知需求、满足居家人群情感需求、满足居家人群缓压需求；动作设计以选用平衡性动作、功能性动作、进阶性动作和叠加性动作为主；音乐选用可以满足精神需求为主。

4．大众居家音乐健身的人、机、环因素选择。大众居家音乐健身环境不仅对相关活动的展开具有限制性，大众可依据居家环境、健身需求选择。另外，大众居家健身环境还具有导向性：一方面，能够引导与发散居家音乐健身器材的设计思维，使其整体风格特点和功能区别于传统的锻炼器材。另一方面，还能使从事居家音乐健身的教练主播等在指导居家音乐健身时更科学、更准确。因此，健身者要根据自身生理特征、心理特征，科学选择健身器械，并注重将静态人机尺寸、动态人机尺寸相结合。

5．大众居家音乐健身的设计实践。大众居家音乐健身的设计实践定位为：为年轻女性群体设计居家多功能抗阻训练器，着重考虑居家空间大小、功能性、操作简易性、舒适性、安全性、美观性、可收纳性等方面进行设计，基本满足居家健身的各种需求。

6. 大众居家音乐健身的风险防范。人们可以选择的大众居家音乐健身的手段与方法是层出不穷的，但如何选择则应该慎重考虑，原因在于：居家音乐健身手段与方法并不一定适合所有人，科学选择和运用是非常重要的。在练习过程中，还应尽量避免部分练习手段或方法存在的“高风险性”，运用不当也会给人造成运动损伤。为此，在大众居家音乐健身中要重视各类风险防范，如运动风险防范、疾病风险防范、环境风险防范（特指空气、温度等）、器械风险防范等，确保健身的科学性、针对性、安全性和有效性。

杜康华

2022 年 3 月 18 日

目　录

1　大众居家音乐健身的入门与准备

1.1　大众居家音乐健身导论

1.1.1　什么是大众居家音乐健身

音乐是指通过有组织的乐音所形成的艺术形象来表达人们的思想感情、反映现实生活的一种艺术。音乐分为声乐（包括有韵律的与有节奏的声音）和器乐（包括弦乐、管乐与打击乐）两大门类。一般来说，音乐就是任何一种艺术的、令人愉快的、神圣的或其他什么方式排列起来的声音。音乐的构成包括音的高低、音的长短、音的强弱和音色、节奏和旋律是音乐的最基本要素。音乐不以说理方式来传播，而是通过熏陶及感染的途径，潜移默化地来影响人的心灵，得到美的滋润。音乐是人们抒发感情、表现感情、寄托感情的艺术，不论是吹、拉、奏或弹、唱、听都饱含着人们千丝万缕的情感因素。运动居家音乐健身主要是通过健康训练手段来增强人们的健康，是通过运用多种合理、科学、有序的手段来增强人们的体质健康。在音乐的疏导下，通过居家音乐健身有利于增强人们的身体健康的水平和状态，通常被认为是一种体育项目的具有特殊功能，但是居家音乐健身的内容有很多的含义，居家音乐健身只是能够帮助更多的人去更好地完成健康水平。还有很多其他的活动具有这样的作用，如，日常的运动、写字等。居家音乐健身是一个复合型的产物，它包含很多不同的要素，同时也能够让不同的人参与其中。它视健康为重要的基础，通过各种手段帮助人们运动，并且把各种音乐美、健康美、身体美的多种形式综合起来帮助人们进行居家音乐健身运动，既注重身体外形、形态姿势、声音的外部美，同时又注重人们的心灵美、心理美。它既可以增进健康，增强体质，改善和矫正体型、体态，又可以陶冶情操，延年益寿，提高人们的生活质量。无论是演唱方法或表演曲目都有明确的促进身心健康、疗疾康复的特殊作用。

1.1.2　为什么要大众居家音乐健身

为什么需要大众居家音乐健身？当人们开始练习各项实践方法并且逐步领会到其效用的时候，居家音乐健身对于练习者有积极的功效：放松人们的心情和舒缓压力。音乐心理作用主要体现在人们的心理中。如，优美的歌曲能够让人心旷神怡，同时也可以放松身心。这是因为人们在听音乐的时候，能够接收到来自音乐的暗示和喜好。在不同音乐类型的启示下，人们接收到的信息来源不同，所收到的传达感受也就不相同，同时就会让自己的情绪在不同的氛围下进行改变。有情绪是人的本能，同时能够让自身的身体状态、心理状态发生改变。人们只有通过情绪的抒发和表达，才能够让自己的心理意蕴得到更多的表达和抒发，同时让不同的情绪得到舒缓。所谓的把人的意识带到更深层次的境界，说的就是人具有深沉的情绪价值，它可以唤醒很多不同的情绪表达和情感的抒发。音乐是情感的表现，同时能带动运动居家音乐健身的更好进行。作曲家的创作能够使更多的人身临其境去感受不同类型的魅力，同时可以让运动居家音乐健身的爱好者可以更好地表达身体力量。对于一个运动居家音乐健身的爱好者来说，清楚的区分现实和幻境非常重要。因为不同运动爱好者有不同的需要，运动员不能够仅仅满足个人幻想和需要，音乐也会创造出很多不同的场景和情形。当运动爱好者在锻炼时可以进入一个自我沉浸的空间，会忘记自己身心疲劳的感受，忘却自己身心空间、本体感受，更好地参与到运动锻炼中，减弱外界现实空间的不利感受，充分发挥自己的力量。可以说音乐能让更多的人进入不同的运动场景，更好地发挥自己的运动能力。

1.1.3　大众居家音乐健身的理论依据

自 2019 年 12 月以来，一场突如其来的新型冠状病毒肺炎疫情袭击着中国。国家为了防止新型冠状病毒大范围的传播和扩散，第一时间采取了暂时封闭公共场所等一系列积极措施来控制疫情。广大人民群众积极响应国家号召，在做好防护工作的同时居家生活。疫情防控期间政府倡导居家不外出，人们在住宅区活动的时间急剧增加，广大人民群众的活动范围半径突然缩小，人们的日常活动量大幅度减少，长时间蜗居家中，对人们的身心健康无疑是一种透支。国家体育总局于 2020 年 1 月 30 日颁布 《关于大力推广居家科学健身方法的通知》，要求各地体育部门要结合当地实际，推出简便易行、科学有效的居家音乐健身方法。事实上，和病毒的对抗不能只是进行消极的防御，“生命在于运动”，只有长期坚持体育运动、进行科学锻炼，才能够从根本上增强人们的免疫力，抵御疾病和病毒的侵蚀。“乐者，圣人之所乐也，而可以善民心”，音乐具有抚慰心灵的强大力量。科学选择并聆听音乐，对于因突发事件导致的居家隔离人群具有良好的心理抚慰和积极情绪重建作用。在疫情防控期间，居家音乐健身贯穿着人们的生活，在很大程度上提高了人们的居家音乐健身意识，培养了人们的居家音乐健身习惯，缓解了疫情防控期间人们的不良心绪。

居家音乐健身作为一门新兴的，集音乐学、体育学、医学、心理学、康复学和美学为一体的边缘交叉学科，是音乐的作用在传统医学、健康体育、艺术欣赏和审美领域之外的应用和发展。音乐的作用实际上是声波能量对听者生理及心理上的作用。生理的作用包括对中枢神经、迷走神经等神经系统的影响；不同频率的声波对人体各器官和各系统的影响；声音律动对身体节律的影响。心理的作用在于音乐可以帮助人心灵的释压与放松，激发联想，唤醒深层意识，提升专注力。

1.2 大众居家音乐健身的准备

骨骼的生长发育需要不断地吸收营养物质，体育锻炼能促进血液循环和增加对骨骼的血液供应，同时，体育锻炼中的各种准备动作也具有促进骨骼生长的良好刺激作用。其具体有以下几个步骤。

1.2.1 自我身体指标初步评估

大众居家音乐健身的自我身体指标的初步评估是大众进行运动居家音乐健身的前提，同时也是进行科学居家音乐健身锻炼的重要居家音乐健身标准。自我的身体指标包括以下几个方面：身心健康状况、身体基本指标、运动居家音乐健身身体强度、过往运动居家音乐健身经历。

1.2.1.1 身心健康状况

一个人的身体健康状况是评价是否能够更好地参加社会活动和运动活动的前提。如果一个人没有健康的身体状态，便无法达到高效、高水平的生活状态，甚至可能会遭到很多疾病的侵袭，让人的身体状态无法参与到运动生活中。另外，人要有一个健康的心理状态，如果没有一个健康的身体就不可能完成工作任务，还有可能被繁重的工作压垮。一个人如果身体不好，经常患病，必然牵扯家人来照料，时间久了也会把家人拖垮。因此，保证一个人的身体健康非常重要。心理的健康也是促进社会大众健康发展的重要表现，也是在未来走向工作岗位，进行工作必不可少的要求。促进德智体美劳能够更好、更快的发展是一个重要的条件和要求。一个人的心理状态是衡量人们是否健康快乐发展的重要标准和前提，人们只有保持一个健康的心理状态，才能更好地居家音乐健身。

1.2.1.2 身体基本指标

首先，体重指标。根据世界卫生组织给出的公式，标准体重可参考个人身高来计算。男性标准体重（千克）=[身高（厘米）–80]× 70%，女性标准体重（千克）=[身高（厘米）–70]×60%，均可自行测量计算得到。其次，体温指标。人体正常温度为 36℃～37℃，一旦超过这一区间即可视为发烧。但同时，也存在“低体温”情况，即体温低于正常体温。再次，脉搏指标，也称心跳指标。成年人标准脉搏为 60～100 次 / 分钟，而运动员由于长期训练，其脉搏可能低于该区间。通过测量，出现脉搏过速、过缓、时快时慢、较弱或有间歇的情况，则表明心脏可能存在问题，务必及时就医。最后，呼吸指标。如果身体处于健康状态，其呼吸应当是平稳且有规律的，大致范围在 16～18 次 / 分钟。应当关注呼吸急促、大喘气、感到气不够用，以及呼吸时快时慢和胸闷、憋气等非正常表现，应及时就医。

1.2.1.3 运动居家音乐健身身体强度

通过了解如何衡量运动强度来从锻炼中获得最大收益。当运动时，是在努力还是几乎没有努力？以正确的强度进行锻炼可以帮助人们充分利用体育锻炼不会太用力或用力过少。这是运动强度的含义以及如何最大限度地锻炼身体。运动强度还显示在人的呼吸和心率、是否出汗以及肌肉感觉有多疲倦。有两种测量运动强度的基本方法：一是感觉怎么样。运动强度是在进行运动时感觉到的辛苦程度（主观感觉）的主观衡量指标。一个人的感知运动水平可能与其他人进行相同运动的感觉不同。如，对个人来说，感觉像是艰难的奔跑，对健康的人而言，感觉就像是简单的锻炼。二是心率情况。一个人的心率可以客观地了解运动强度。通常，在运动期间心率越高，运动强度就越高。感觉到的劳累可能并不总是与个人的心率水平相似，这取决于个人，这可能是衡量运动水平的一般指标。

1.2.1.4 过往运动居家音乐健身经历

充分思考分析过往的运动经历和运动的情况，参与居家音乐健身运动，运动居家音乐健身的频率因人而异。但是对一个健康的人来说，一般是 3 次 / 周，然后逐渐增加到 5 次 / 周，这样可以使身体得到更好的锻炼。在这里要强调的是不同的人群在进行不同的锻炼时，要充分考虑运动的需求和要求，一定要量力而行，先从低强度、长间隔（每周运动 2～3 天）开始，经过长期持续性的锻炼后，再进行高强度练习。如果在训练过程中，出现中断的情况，运动的效果可能会出现中断，身体强度会下降。如果运动之后出现明显疲劳的话，可以适当减少运动的强度和要求。要充分考虑过往的运动居家音乐健身的经历和强度，如果在运动的过程中出现身体的不适应当尽快调整。

1.2.2 设定居家音乐健身目标

我们可以根据音乐的节奏将居家音乐健身目标划分为两类。（1）节奏舒缓——中低强度目标。富有节奏感的音乐是大众的首选，我们的每一次弯举或每一次卧推好像都在卡着点一样，让身体和音乐融为一体。众所周知，呼吸的节奏是很多训练的关键点，有些人总是难以找到呼吸的频率感。（2）节奏动感——中、高轻度目标。如，每当走进居家音乐健身房，主打的 BGM 都是一些极其劲爆的摇滚乐，激情的节奏和汗水相结合，让身体不由自主地想动起来，效率比从前更高。戴上耳机的居家音乐健身者，整个世界中只有自己和器械，健身的积极性、主动性和好胜心会越来越强，诸如人们常说的“跑马拉松会上瘾”“练肌肉会上瘾”就是直接体现。有人称耳机为精神氮泵，音乐为生命源泉，可见音乐对于居家音乐健身者精神上的鼓励。居家音乐健身是一个自我挑战的过程，当然也是一个痛苦的过程，痛苦来源于“起步难，不想运动”的主观意念，然而在音乐中会更加轻松，忍不住想要跟着节奏律动。

1.2.3 选择居家音乐健身方案

意大利学者 2015 年进行的一项关于“合适的音乐对运动居家音乐健身效果的表现”的研究中，经分组对比测试发现，在播放较快节奏的摇滚、舞曲音乐时，受试者的力量训练表现最多可提升 5.8%，同时在限定时间内可多完成一次最大力量 60%的重量进行卧推。这表明，当运动参与者在进行肌耐力或高强度间歇训练时听着速度快、力度强的音乐可能会带来相对更好的效果。之后经过世界多地研究人员进行了深入的实验研究，发现当人们听着自己喜欢的音乐时，相同重量下的力量训练重复次数更多且更具爆发性。这些研究结果都表明，科学的音乐氛围营造对于相应的运动有积极的促进作用。作为居家音乐健身，音乐从一开始就被放在了保证居家音乐健身参与者体验的重要环节。科学地选用大量在节奏、律动与居家音乐健身项目非常匹配的音乐，可以让音乐与居家健身得到深度的融合。那么究竟在居家音乐健身活动中，选取什么样的音乐与配套什么样的练习能对居家音乐健身锻炼起到更好的作用？结合居家实际，笔者分别从愉悦心情、呼吸锻炼、缓解肌肉紧张三个方面提出建议。保持愉悦的心情可选择以下五种：（1）轻盈的音符——莫扎特钢琴奏鸣曲第 8 首、第 13

首、第16首。（2）欢乐的旋律——贝多芬第6首、第11首、第23首。（3）和谐的人声——亨德尔歌剧《凯撒大帝》选曲《我出生在拉格利马》和《我们很开心》。（4）柔美的大提琴——艾尔加作品第12号《爱的礼赞》、古诺《圣母颂》。（5）和谐的交响乐——贝多芬作品第68号《田园》、拉威尔《波莱罗舞曲》。锻炼呼吸器官，缓解呼吸系统疾病可选择以下三种：（1）腹部呼吸练习与音乐配合。选取歌曲《我亲爱的》，人平躺在床或者地板上（最好准备一个瑜伽垫），跟随歌曲4/4拍子的节奏，每4拍一吸，每4拍一呼。注意体验腹式呼吸过程中腹部被横膈膜下降导致的隆起。可以在腹部肚脐处围绕使用松紧带，帮助感觉腹部隆起的压力。（2）重复进行腹式呼吸，再比较熟练掌握腹式呼吸法之后，在自己日常腹式呼吸的极限，保持停止一秒后，再次做腹式呼吸动作，加强呼吸器官的呼吸极限。（3）选取歌曲《花非花》，跟随旋律节奏，在腹式呼吸法的基础上，松弛嘴唇，用气吹动并保持气息的流畅，使嘴唇可以跟随旋律节奏保持均匀震动。缓解我们的肌肉紧张可从以下三方面着手：（1）在腹式呼吸的基础上，做叹息练习。在叹息的过程中，尝试全身肌肉的放松。（2）肩部提升到自身的极限，然后瞬时放松。体会人体上身肌肉在放松时候的整体感觉。（3）选取歌曲《春思曲》做鼻腔的哼鸣练习。在腹式呼吸的基础上，让声音跟随旋律节奏由鼻腔集中送出。

2　大众居家音乐健身的音乐选择运用

2.1　大众居家音乐健身的音乐选择

2.1.1　安抚情绪的轻音乐

无论特殊群体是属于哪一类的特殊情况，在体育运动中选择和运用具有情绪安抚作用的音乐类型是能有效集中他们的精神和思想的重要路径之一。适合轻音乐的体育项目类型有：瑜伽、健美舞、慢跑、太极拳、太极剑、气功、扇舞、慢节奏的体育与其他的有氧运动项目等。对于那些情绪波动大的、易被外界所干扰，与肢体功能相对欠缺的特殊群体，在特殊体育教育之初可以采用轻音乐，让他们在相对舒缓的音乐和节奏慢的体育项目中，开展心理的疏导、精神的安抚与身体的锻炼，逐渐地培养音乐、体育运动和外界影响之间的良性反应，使他们能在优美的轻音乐暗示中，建立音乐、运动和稳定情绪之间的积极互动关系。此类音乐既可以是各种乐器演奏的纯音乐、某首歌曲的纯音乐或伴奏曲，也可以是完整的有词有曲的歌曲。在实践中，对特殊群体的教育作用有效的就是最好的。

2.1.2　激发激情的动感音乐

在体育运动中，具有节奏明快的动感音乐是最具感染力的类型，是对特殊群体触动最大的外界情感激发。在运动中，这种音乐对那些反应迟钝的特殊群体具有高效的积极刺激作用。适合的体育项目有：街舞、短跑、快节奏体育、居家音乐健身体操、快节奏的武术套路、篮球、足球、乒乓球与其他相对快速的项目。出于教育教学的实效性，特殊体育教育的音乐和项目选择标准要根据特殊群体的智商、肢体健全程度与肢体的自我控制能力水平等因素，做出难度适中、负荷适中与激情程度适合的控制性运用。一方面，应避免“过分激动”情况下的意外情况发生，如，由于特殊群体过于激动导致的肌肉或韧带拉伤以及开展一些危险程度大的技能动作等；另一方面，注意教育学生如何控制激情及其发挥程度，使自己在尽情发挥的基础上，既收获来自音乐的乐趣与激情，也能通过相关项目的运动，获得机体优化和体质提升的成就感。

2.1.3 激活兴趣的个性音乐

在现代音乐人和现代音乐科技的支持下，很多个性化的音乐类型被创新和推广开来，为那些有着特殊需求的特殊群体创设了兴趣启发。这些音乐有：乡村音乐、电子音乐、爵士音乐以及不同音乐类型之间的融合，这就使特殊群体对音乐及其相关体育运动类型充满选择性。因此，我们要善于去发现被特殊群体所喜欢音乐的类型，创造性地去结合现有的体育项目，这样才能有效地为特殊群体的体育学习、体育训练制造兴趣发展的启蒙点和空间。在音乐类型的发现和运用中，可以采取各种音乐类型或曲目轮流播放的方式，通过观察特殊群体中各个成员的反应，以确定被教育的特殊群体共同喜欢的音乐，以及每个成员个性喜欢的音乐类型甚至具体的曲目。通过探索性地运用，研究特殊群体所能自主结合和个性化创新的体育项目及其技能，为培养他们的体育兴趣和体育意识做出精神性、灵感性、情感共鸣性的引导和启发。

2.2 大众居家音乐健身的音乐运用

2.2.1 主导性运用

把音乐作为特殊群体体育兴趣培养的主导性因素是最为直接、高效、灵性的教育媒介、教法和模式。以音乐的运用为契机，尤其把共性喜欢的音乐类型及其曲目作为对特殊群体实施体育教育的切入点，发现特殊群体喜欢的音乐和体育项目结合点，并不断对其开展更加深入的项目教育和技能教育。在实践中，音乐会起到最为关键的导引作用，既启发了特殊群体的灵感，也启蒙了特殊群体对体育或某种项目及其技能的兴趣，使特殊群体能以更主动、积极、稳定的态度去开展体育学习、体育锻炼与体育娱乐活动，尤其把音乐运用的方式方法与体育运动的习惯结合起来培养，使特殊群体把对音乐的喜爱转化为自觉的体育兴趣，驱动特殊群体以个性化的方式开展体育活动。另外，要注意培养特殊群体更多类型的音乐兴趣，使特殊群体能培育更多样性的体育兴趣，引导特殊群体去学习更多样体育项目及其技能，使他们在体育参与中找到自信，提升他们的健康水平。

2.2.2 专题性运用

根据教育特殊群体的体育需求，在专题音乐的选择和运用的基础上，开展特定项目或特定技能教学，具有提升特殊体育教育效果的积极作用。其操作方式有两种：第一种，兴趣启蒙运用。在被教育特殊群体的兴趣体育项目和体育技能不明确的情况下，应以试探性的方式去运用各种音乐类型，专题性地研究特殊群体的兴趣音乐和兴趣项目，既起到音乐启蒙和体育启蒙的作用，也发挥出体育兴趣综合启蒙和教育的作用。第二种，难点克服运用。由于特殊群体的智商或肢体方面的缺陷，在针对特殊群体的体育培养中，遇到各种难题是在所难免的。借助音乐的启发和情感共鸣来引导特殊群体调动自己的知识、经验与智商，在积极配合和理解教师的情况下，战胜自己的各种缺陷，使自己能更尽快地掌握相关技能，从而适应常规体育运动，使他们能像正常人一样充分地融入全民居家音乐健身中。

2.2.3 氛围性运用

由于体育运动的体能考验、身体负面体验与技能动作重复的枯燥性等特点，音乐适时运用能有效转移特殊群体的负面注意力，体育音乐氛围的运用是有效激发特殊群体参与体育积极性以及让他们更好地融入全民居家音乐健身队伍中的良好方式。尤其在特殊群体体能达到某种极限的情况下，选用适当的音乐能有效激发他们的运动潜能。根据不同的体育项目类型可以选用不同类型的音乐来为特殊群体创设比较理想的体育锻炼氛围，让他们在自己喜欢的音乐支持和引导中，去开展心情舒畅、表现积极的体育学习和常规运动。在运用实践中，要特别注意音乐曲目或者类型的变换，应避免特殊群体因重复而产生厌烦情绪。要使特殊群体在新鲜感中获得音乐欣赏、运动快乐的满足，让他们充分享受这种体育与音乐融合的美好氛围。

2.3 大众居家音乐健身的音乐形式

2.3.1 声乐欣赏与居家音乐健身

音乐是一种声音的艺术和听觉的艺术。音乐欣赏就是人们感知、体验和理解音乐艺术的一项实践活动。马克思说过："对于不懂音乐的耳朵，最美的音乐也没有意义。"这说明，如果学生缺乏必要的音乐欣赏能力，那么，音乐的美感就不能为学生所感受，音乐本身也会黯然失色。在音乐欣赏的教学过程中，教师要体现自身在教学活动中的主导作用，把学生的兴趣和注意力引导到与音乐审美密切相关的内容上及学习上所要掌握的必要知识（节奏、旋律、音色等），让学生围绕音乐的基本内容展开丰富的联想与想象，在欣赏音乐的同时得到感官上的愉悦，将自己的情感与音乐的情感直接沟通，产生情感上的共鸣，从而扩宽自己的知识面，开阔视野，提高文化素质水平。

2.3.2 歌曲演唱与居家音乐健身

2.3.2.1 音乐“晨曲”居家音乐健身法

早晨进行“音乐浴”，选用音乐“晨曲”居家音乐健身，宜选择好似春天有舒展生发、流畅愉悦、节奏明快旋律的“乐曲”。根据个人体质、文化修养、性格爱好的不同，有的人偏向于节奏鲜明、音乐形象庄重、比较严肃的一类乐曲。如果早上起床后参加有音乐伴奏的居家音乐健身运动，则养生居家音乐健身健美的效果会更佳。但要注意，早上听音乐的时间不要超过 20 分钟，选用的乐曲不要太零乱，不必日日更换，因为旋律和节奏比较熟悉，唤醒的效果明显，同时乐曲的音响可以稍大一些，达到 70 分贝左右为宜。

2.3.2.2 音乐“黄昏曲”居家音乐健身法

“黄昏曲”指的是下午 16：00～18：00 时这段时间，进行 20～30 分钟的音乐疗养，放开手边繁杂的事务，静心吸收音乐营养，对身体极有好处。下午听一会儿音乐，你会感到全身都很舒适，只要音乐响起来，无论是有意还是无意，它都会对你的生理节奏发生作用。以对音乐十分敏感的心脏来看，选择节奏与心率相接近的乐曲，我们就心神安定，全身都感到轻松；如果乐曲的速度缓慢，心跳也会随之放慢、血压下降，产生非常明显的镇静和放松作用。当然，体质甚强，尤其是年轻人，喜欢快速、超过心跳速度的乐曲，如迪斯科乐曲，会使全身兴奋，机体的各种生理生化过程都会随之加速，令人情绪活跃，肢体随之起舞。下午如果以乐疗配合居家音乐健身锻炼的话，应当注意节奏缓慢，选用每分钟约 60 拍的乐曲，效果比较理想。

2.3.2.3 音乐“夜曲”居家音乐健身法

“夜曲”指的是晚上 21：30～23：30 这段时间，进行 30 分钟的“音乐浴”，目的在于宁心安神，调整人体的生理状态，诱导人进入高质量的睡眠。选用“夜曲”应该以柔缓为主，以适应人体入眠时的生理节奏。如缓慢而且不很鲜明的节奏很快就会使人呼吸变慢变深，全身放松。旋律起伏不大、和缓平静的乐曲，旋律线没有太强烈的上升下降的对比，整个乐曲让人感到如和风细浪、温馨宁静，对安定心神、消愁忘忧作用明显。我国传统音乐典雅和平、阴阳调和，对协调夜间的人体生理节奏，提高睡眠质量具有得天独厚的功效，如民族管弦乐《春江花月夜》和二胡曲《二泉映月》等是首选之曲。

2.3.3 练功与居家音乐健身

歌唱者取站立式，全身放松（是气功与歌唱的要领）。歌唱是以松弛为主的一种呼吸发声过程，声音的流畅自如，歌唱姿势的洒脱端庄，表情的自然超俗，咬字的准确清晰全赖于松弛（包括精神及躯体的放松）。呼吸的方法是：齿合，舌反抵上腔近齿处，或舌两边贴上腔，中间留出凹形的呼吸路线，目的在于使呼气徐缓，吸气从鼻吸入，直到小腹间（即丹田，“丹田气”对于歌唱是具有现实的指导意义），渐充至上腹部胸部，胸部尽量挺起和纳气，至不能再吸（不可太急）稍停，即将吸的气从口腔的舌上齿缝间徐徐呼出，同时自然发出“呲”的声音，越缓越好。但初学时每因气急而不能太缓，则口可略放松出气，呼至不能再吸时，稍停，再做第二次吸气，这样一吸一呼为一次（每次呼吸 5～30 秒左右）。亦可结合腹式与胸式两种呼吸方法在一起，练习次数 10～100 次以上，要循序渐进。

2.3.4 管弦乐曲与居家音乐健身

2.3.4.1 弦乐与居家音乐健身

弹琴时手指活动对人的敏感性和协调性是一种良好的锻炼。音乐演奏对人的视、听、触觉及运动觉等感知能力的训练是综合性的。无论是弦乐、弹拨乐、吹打乐，在练习过程中手指的触觉和运动觉的反应要与视觉与乐谱上的各种符号的把握相一致，而听觉则起着检验这三者准确程度的作用。这是人体多种感觉器官互相配合、协调，同时产生反应的活动。

在弹奏乐器的过程中，左手的运用总是十分突出。左手的经常应用锻炼了它的灵敏性，并借此促进了大脑右半球的发展，对提高大脑储存与传递信息的能力、提高思维通路的运动速度和容量都极有好处。双手的运动对提高整个大脑皮质的兴奋性有所帮助，同时还可以调节大脑两个半球的活动节奏，使其更有规律、更协调的交替和共同运动，以此提高学习和工作效率，而不至于过度使用半个大脑而使另外半个大脑受到抑制，从而使大脑得到均衡发展，智力得到充分开发。

2.3.4.2 管乐与居家音乐健身

虽然气功中的“气”与吹管乐演奏中的“气”并非完全是一个概念（气功

中的气包括两个方面的内容。其一为内气，指的是先天之气，即所谓的“真气”；其二为外气，指的是后天之气，即所谓的口鼻呼吸的空气），但就其练功中的一些基本原则和要领还是相通的，有不少共同的因素。我们知道，气功练功有三个基本要素：即调心、调身和调息。调心，即是引导思想入静，使之思想或意念集中到某一点上。调身，即是练功所采用的姿势，使身体“松静自然”。调息是运用意识，通过调整呼吸使意气相合，通过调息调整身体各部机能。如果把整个乐团比作一件乐器，那么，乐团指挥便是弹奏这个乐器的人。从乐曲最基本的音准、节奏，到乐曲片段微处理，最后再到对整个乐曲感情的把握。指挥作为乐团的灵魂人物，永远贯穿其中。

2.3.4.3 吹奏与居家音乐健身

随着人们科学健身意识的提高，运动促进身体健康，养成健康生活习惯成为大家的共识。跑步和游泳无疑是大多数人选择的有氧运动方式，但受到疫情影响，很多运动爱好者无法去户外跑步和游泳，转而选择居家锻炼。扬州大学附属医院副主任医师时代日前表示，目前有很多的运动方式，对环境的要求不高，甚至比跑步和游泳还要简单。“在家中的狭小空间里，坚持每天 5 分钟的站桩运动就是非常不错的选择。简单来说，站桩就是‘站立’，双脚与肩同宽，膝盖弯曲，两臂在胸前抱环，这是最经典的站桩姿势。根据中医的说法，站桩能够将身体气血下沉，弥补下焦肝肾空虚，上火虚浮的症状，并且有利于强健身体，调养心性。每天坚持 5 分钟站桩，外表虽看似不动，但体内气血翻涌，将寒病邪气驱逐出去，有助于提高免疫力。”

3　大众居家音乐健身的动作设计

3.1　大众居家音乐健身的设计原则

3.1.1　满足居家人群认知需求

居家音乐健身动作设计首先要符合受众人群的认知，在追求科学性的基础上还要满足受众群体认知需求，具体表现在动作的形式、定量等诸多方面满足受众人群的认知，当符合参与者生理、心理特征的动作被设计出并被其所认知和接受，才能发挥出促进身心健康、传授相关知识的功能与作用。以老年群体为例，在设计居家音乐健身动作时，应遵循“动作从简至繁，负荷由小到大”的规律，这一规律也与受众人群对于居家音乐健身的认知增长相一致。以一套 5 分钟左右的居家音乐健身成套动作为例，在动作负荷强度较低的情况下，对于儿童、成年与老年需要进行不同的动作编排设计，区分不同受众群体对音乐曲调及歌词、动作难易程度及重复次数的认知与接受度，有区别地编排设计符合不同受众人群的居家音乐健身成套操。

新冠疫情进入常态化管理，病毒与人类常存成为既定事实，在此背景下“强身健体、增进健康”是大众参与体育运动所追求的首要目的，在这一过程中不断夯实自身居家音乐健身的知识与技能，提高自身人体免疫力与保健能力，努力成为自身健康的“第一责任人”。据调查显示，非体育专业人员是大众参与居家音乐健身运动的主要人群，他们对居家音乐健身知识与技能的缺乏容易致使其因练习强度不合理、练习动作不标准等客观因素而受到运动损伤。因此，运动强度和练习节奏的适当制定、符合量和动作难度系数的循序增加、猛烈屈伸、高力量要求等动作的合理规避都是在居家音乐健身动作设计中需要考虑的因素，并在此基础上基于不同居家人群的认识水平，注重运动过程中以有目的的动作设计为手段，引导练习者逐渐形成正确身体形态审美观。

3.1.2　满足居家人群情感需求

居家音乐健身的兴起始于新冠疫情下大众居家隔离，疫情给人们心灵蒙上一层阴霾，亟待通过体育运动使其驱散，因此，居家音乐健身的动作设计要充分考虑受众人群的心理状态因素，满足居家人群抒发烦闷、焦虑以及无聊枯燥的情感需求。因此，在创编居家音乐健身动作时，要考虑动作设计的普适性，提升参与者进行居家音乐健身运动的自信心与积极性，在此过程中逐渐感受到居家音乐健身所带来的身心愉悦感，进而提升参与者的运动体验。可见，满足居家人群情感需求需充分考虑参与人群各方面的差异性，从居家音乐健身动作设计的普适性出发，主要包括练习动作难度及场地设备条件的普适性。首先，在练习动作难度方面，居家音乐健身动作的创编应保持简单易学的特点，让参与者能在短时间内学会动作并掌握健身技术要领，降低动作学习难度，提升动作的感知易用性水平；同时考虑参与者健身基础及年龄等客观差异性，顺应和满足社会全体大众参与居家音乐健身的发展需求。其次，在场地设备条件方面，参与者在进行居家音乐健身时，通常选择客厅或阳台等室内练习场所，开阔且专业的练习场地以及相关器械较为缺乏，因此，练习条件场地的可替代性在居家音乐健身动作创编时需要予以充分考虑。具体而言，减小练习动作的幅度，降低对练习空间的需求，家庭常用物品的合理运用可减少相关健身器械的缺乏带来的矛盾。

在新冠疫情常态化管理下，区域静默管理下家庭成员全体居家情况增多，这使得共同活动时间大幅增多，对于家长和孩子来说，都经历了一个从不适应到适应的过程，在该过程中，人们对健康和亲子陪伴都有了更深刻且直观的重新理解。居家音乐健身动作设计要考虑家庭不同成员的情感需求，在动作设计上可以从孩子和家长双方情感需求出发，增添亲子配合动作，在彼此陪伴中共同居家锻炼，增强体质的同时促进家庭关系的和谐发展，使孩子在居家音乐健身中感受到身心欢愉，让家长在居家音乐健身中抒发出烦闷情绪。

3.1.3 缓解居家人群缓压需求

通过居家音乐健身，促使参与者体内内啡肽等激素的分泌，舒缓来自工作、学习及生活中的各方压力，是大众居家音乐健身动作编排设计的原则之一。因此，练习成套动作的趣味性和多样性是居家音乐健身动作编排时首要考虑的因素。趣味性表现在音乐选择以及动作内容上，需涉及练习者全身不同部分的肢体练习。音乐选择要根据练习的不同阶段选择相对应的音乐，并且在主体练习阶段多选择轻松愉快的音乐曲目；多样性则体现在成套动作的结构、编排形式等方面，每一套练习成套动作中动作的分布与变换避免单一，不同成套动作中练习动作避免重复，放松阶段的音乐选择变为舒缓的轻音乐或者纯音乐，使练习者舒缓压力、收获愉悦的效果得到进一步升华。

3.2 大众居家音乐健身的动作创编

3.2.1 动作内容满足认知需求

居家音乐健身的动作是其创编理念的载体，整个动作的创编过程中都必须融入创编理念。基于成就动机理论，居家音乐健身人群的动机是通过参与此类运动获取相关保健知识与技能，通过成套动作的身体训练收获愉悦的心情和健康的体魄。因此，在大众居家音乐健身的动作编排中，要充分考虑动作所涉及的身体练习部位、动作的难易程度以及练习的重复次数等因素，这些都紧密地影响参与者需求的实现。根据调研显示，大众对于居家音乐健身的诉求集中于身体具体各部位的强化锻炼，故在成套动作的编排中，要聚焦于单个部位素质的锻炼，考虑家庭环境的现实情况编排动作内容与体系，以此不断增强参与者对居家音乐健身的积极性。具体而言，受日常生活、工作上不良习惯的长期影响，大众对于手、肩、腰、腿部的运动康复需求更大，调查也显示这些部位出现不适症状的情况较多，故在大众居家音乐健身动作编排中可着重针对这些部位创编健身动作。

针对大众对于身体各部位练习的强烈意愿，并参考运动生理学的相关知识，本书以实现聚焦练习效果为目的，从提升各部位功能出发，特提出多个部位的单独练习，主要包括手臂、肩颈、胸部、腰背部、腿部以及足踝等（见表 3-1 所列）。同时，充分考量大众参与居家音乐健身时的居家环境因素——场地空间有限以及缺少专业训练器械，故在动作的设计和编排时，纳入实际生活场景因素，最大限度地规避该因素对练习者带来的不利影响，并提升所需器械的居家可替代性，充分利用家中常见的椅子、板凳、毛巾、水瓶、水杯以及油桶等物件来进行居家音乐健身练习。

表 3-1　动作内容一览表

动作名称	练习部位	提升素质
手持水瓶练习	手臂	身体形态
颈部练习	颈部	
肩部练习	颈部	

（续表）

动作名称	练习部位	提升素质
扩胸抗阻练习	颈部	
硬拉	背部	
臀部激活	臀部	力量
深蹲	腿部	
腿部弯举	腿部	
手臂牵拉	手臂	
颈部牵拉	颈部	柔韧
肩背牵拉	肩背	
胸部牵拉	胸部	
背部牵拉	背部	
臀部牵拉	臀部	心肺功能
弓步跳	腿部	
抗阻扩胸	胸部	
手指操	手部	
肩部绕环	肩部	身体灵活性
足踝交替	足部	

3.2.2　运动强度满足缓压需求

运动强度是影响居家音乐健身效果的主要因素，只有当运动强度达到适宜运动量后才能激发体内内啡肽等激素的合成，达到缓解压力之成效。因此，在创编大众居家音乐健身动作时，必须将练习动作、组数、组间休息等运动负荷影响因素纳入考虑范围，针对不同居家音乐健身群体编排不同动作，使其运动负荷始终保持在适宜范围之内。后疫情时代，大众纷纷加入居家音乐健身中，动作的创编所面临的是各个年龄段的群体，故运动负荷的制定也应因人而异，根据不同年龄受众具体划分。世卫组织（WTO）针对不同年龄确定了不同的运动强度标准，本书也根据此标准确定了不同年龄的运动强度对照表（见表 3-2 所列），主要是通过个人最大心率（最大心率=210–年龄）来予以判断，建议大众在进行居家音乐健身时将最大心率保持在 60%～70%。

表 3-2 运动强度对照表

年龄（岁）	每周累计练习时长（分钟）	练习强度	满足需求点
5～17	420	中等至高等强度 （最大心率的 55%～75%）至 （最大心率的 75%）	运动强度适宜 运动体验良好 生活状态改善
18～64	150	中等或者高等强度 （最大心率的 55%～75%）或 （最大心率的 75%）	
65 及以上	150	中等强度 （最大心率的 55%～75%）	

根据上述三个年龄阶段中运动负荷的差异性可见，在大众居家音乐健身动作的编排时，要对统一动作进行不同强度的区分，在具体操作上主要通过不同难度阶段和练习节奏的快慢来进行调控。根据上述年龄划分的运动强度标准将居家音乐健身成套动作区分为进阶版、标准版、简易版三个难度等级；此外，调整动作的节奏可能达到区分运动强度的效果，1 拍 1 动的运动负荷最大，2 拍 1 动次之，4 拍 1 动则最小。本书参考前人研究中的运动强度设计标准，结合大众居家音乐健身成套动作的自身特点，最终将大众居家音乐健身成套动作时长固定在 40 分钟，实践周期为 12 周。

3.2.3 音乐选用满足情感需求

在大众居家音乐健身活动中，音乐是必不可少的因素，可以帮助参与者保持一定强度的运动节奏以及增添居家健身过程中的趣味性，因此，音乐的选用在大众居家音乐健身动作的编排也在发挥重要的作用。据调查显示，大众居家音乐健身中最受欢迎的音乐当属流行乐，其因通俗易懂、传唱率高等特点深受广大人民群众喜爱，这些特点也符合居家音乐健身人群对于愉悦身心、舒缓压力、抒发烦闷的追求，因此成为大众居家音乐健身的首要音乐选择对象。而流行音乐中那些拥有欢快节奏、简单旋律和明显鼓点的音乐更应是大众居家音乐健身去选择的音乐。欢乐祥和的背景音乐能极大地促进练习者的居家音乐健身热情，提高参与居家音乐健身运动的积极性。当然此类音乐适用于居家音乐健身主要成套动作的创编上，在拉伸热身及放松练习中，则应选取较为舒缓的轻音乐，在放松身体的同时舒缓心情、调整情绪，见表 3-3 所列。

表 3-3 选取音乐样例一览表

音乐名称	音乐特征	满足需求点
《You Decide》	旋律轻快、曲调明朗	激发健身兴趣、做好运动准备
《Boys》	节奏感强、曲调欢快	激发积极性、调节运动节奏
《偶像万万岁》	欢快活泼、曲调灵动	舒缓心情、减少焦虑
《一路生花》	旋律悠扬	舒缓身心、缓解压力

3.3 大众居家音乐健身的动作设计

3.3.1 平衡性动作设计

3.3.1.1 基于结构平均功能的动作设计

大众居家音乐健身所追求的结构平衡功能，即在以锻炼者为中心的前提下，改变居家音乐健身的动作方向，或者将其转换为对侧肢体的运动，通过这两种方式来使居家音乐健身运动达到动作结构上的平衡，见表 3-4～表 3-6 所列。

表 3-4 居家音乐健身中身体各部位的基本动作

部位	基本动作	方向
头部及颈部	屈、转、绕	前、后、左、右
肩部	提、沉肩、收、展肩、绕环	上、下、前、后
胸部	含胸和展胸	前、后
腰部	转、绕、绕环	前、侧、后
髋部	顶、提、绕、绕环	前、侧、后
上肢	屈伸、摆、绕、绕环、振	前、后、左、右、上、下、斜向
下肢	踏步、并步、“V”字步、“一”字步、侧交叉步、后屈腿、开合跳、踢腿跳、后踢腿跑、弓步跳	前、后、左、右、上、斜方向

表 3-4 中以居家音乐健身中身体不同部位能完成的具体基本动作为例，展示具体动作在不同方向上的改变而满足对平衡功能的诉求。

表 3-5 居家音乐健身中不同动作方向改变的具体说明

名称	动作说明	改变动作
弓步	身体某一只腿向正前方向迈出并弯曲膝关节，但注意膝盖不超过脚尖，确保大腿与地面平行，另一只腿保持伸直状态，双脚前脚掌着地。 要求：前腿弓，后腿蹬，挺胸、塌腰、沉髋	左、右侧弓步
走步	犹如在地面行走般，两腿依次向前或向后走。需注意身体始终保持直立状态，向前走时脚掌与地面接触顺序应为脚后跟-脚掌-脚尖，往后走则反之。 要求：膝、踝关节在落地时需保持弹性缓冲	左右走步
踏步	身体直立，双腿交替抬起并落地，注意落地时由前脚掌到全脚掌。 要求：膝、踝关节持续弹动状态	踏步移动与转身
V 字步	身体自然直立，双腿依次往身体斜前方 45°迈出，并依次退至原位，运动时重心保持在两脚之间，使双腿运动轨迹呈现 V 字。 要求：单腿迈出后呈半蹲姿势，膝、踝关节持续弹动	倒 V 字步、 转身 V 字步
一字步	身体自然直立，双腿依次往身体前方迈出并依次退至原位，往前迈出和往后退至原位双脚均需呈并拢状态，双脚运动轨迹呈现出一字 要求：向前迈出时，脚后跟先着地过渡到全脚掌，双脚并拢时屈膝；退脚时脚尖着地，双脚并拢时脚尖立到最高。注意保持膝、踝关节的弹动状态	倒一字步、斜一字步
漫步	身体自然直立，单腿向前迈出，另一只腿做原地踏步动作，依次交换。 要求：重心随着脚步前后移动	斜漫步
点地	包括脚尖点地和脚跟点地，两种点地均要求单腿膝盖微屈站立，另一只脚尖或者脚后跟点地。 要求：支撑腿微屈，保持弹动节奏	脚尖向后点地、 脚跟侧点地
吸腿	身体自然直立，单腿抬起，尽量使大腿与地面平行再落地，另一只腿抬起，依次重复进行。 要求：支撑腿随吸腿节奏保持屈膝弹动	吸腿转
跑	双腿依次腾空后落地，重复进行。 要求：脚落地时膝盖微屈进行缓冲	跑步移动、跑步转身

（续表）

名称	动作说明	改变动作
并脚跳	身体向上跳跃并落下，过程中双腿并拢，紧靠在一起。 要求：双脚落地时膝盖微屈进行缓冲	并腿跳转身
小马跳	身体自然直立，单脚向旁跳出，另一只脚紧随其后做垫步小跳。 要求：双脚落地时保持轻快，身体重心随步伐左右交替	小马跳移动
分腿跳	双腿紧闭并屈膝呈半蹲状，向上跃起，空中姿态双腿分开。 要求：空中时身体躯干收紧，落地时膝盖微屈进行缓冲	前后左右分腿跳
弹踢腿跳	身体自然直立，主力支撑腿小跳，另一只腿屈膝向前侧下方踢出。 要求：弹踢腿踢出到位时要控制，精准到位	侧弹踢腿跳、弹踢腿转身跳
开合跳	身体自然直立，双腿跳起，双脚由并拢至分腿落地，再由分腿向中跳至并拢	开合跳转身

在大众居家音乐健身中，除改变动作方向外，也可通过改变为对侧肢体运动来达到平衡，表 3-6 对此进行详述以及对动作进行更深层次的说明。

表 3-6　改变为对侧肢体运动的具体说明

部位	动作说明	改变动作
头屈	头部和颈部的屈是指头部和颈部合理地进行主动弯曲	向前、向后、向左、向右
头转	头部和颈部转是指头颈部围绕身体进行垂直轴方向的转动	向左转和向右转
绕和绕环	头部和颈部的绕和绕环是指头部以颈部为轴心开始的圆形运动，头颈部在 180°～360°之间的均匀运动为绕，头颈部在 360°以上的圆周均匀运动为绕环	向左绕环和向右绕环
提肩和沉肩	提肩是指人体肩胛骨做向上运动；沉肩是指人体肩胛骨做向下运动	单边、双边和从左到右依次沉肩或提肩
绕肩和肩绕环	肩部环绕是指肩关节以肩为轴线在 180°～360°之间的运动。肩环是指肩关节以肩部为轴线 360°以上的圆周运动	单肩向前、向后绕环和双肩同时或依次向前、向后绕环

（续表）

部位	动作说明	改变动作
举	上肢的举是指运动时以肩关节为轴，手臂伸直以直臂动作向某一方向抬起的动作	单、双臂向前、向侧、向斜前、向斜上、向斜下
屈臂和伸臂	屈是指上肢的前臂与上臂之间的角度不断缩小的动作；伸臂为前臂与上臂不断扩大的动作，与曲臂的运动方向正好相反	胸前平屈、肩侧屈、肩向上侧屈、头向后屈
绕臂和臂绕环	手臂周围是指肩关节在180°～360°之间以肩膀为轴线在一定方向上的运动；手臂缠绕是指以肩膀为轴线，在一定方向上360°以上的圆周运动	向左侧、向右侧
含胸和挺胸	含胸是指胸部做主动往里收的动作；挺胸是指胸部做主动往外挺的动作	含胸、挺胸
腰屈	腰屈是指上半身沿矢状轴或水平轴的弯曲运动	向前、向后、向左、向右
转腰	转腰是指上半身沿垂直轴做水平面的转动动作	向左转、向右转
绕腰和腰绕环	绕腰是指上半身绕垂直轴做180°～360°之间的运动；腰绕环是指上体绕垂直轴做360°以上的圆周运动	向左绕、向右绕及左右绕环
顶髋和提髋	顶髋是指髋关节在水平轴上向前或向后运动，髋关节提升是指髋关节在矢状轴上的左或右运动	顶髋、提髋（为对侧肢体运动）
绕髋和髋绕环	绕髋是指髋关节绕纵轴线180°～360°之间的运动；髋绕环是指绕纵轴线做360°以上圆周运动的髋关节	向左绕髋、向右绕髋及左右髋绕环
侧摆腿	弯曲双腿，直到单腿站立，另一条腿自然向侧面抬起以返回起始位置	抬起腿不必很高，但必须控制并保持上半身直立
提踵	松开脚后跟时，抬起双脚跟并稍微弯曲膝盖。要求：挤压双脚，重心抬高时收紧腹部，跌倒时弯曲膝盖以缓冲	脚尖提踵、脚后跟提踵等

（续表）

部位	动作说明	改变动作
踢腿	单腿站立，另一条腿伸直加速，返回起始位置。要求：踢腿时保持直腿踢，速度快，尽量超过水平位置，保持上半身挺直	左右侧踢腿

综上所述，大众在进行居家音乐健身的过程中，可以通过改变身体运动方向和身体左右侧动作（以矢状面为对称面）来满足平衡功能的需求。作为居家音乐健身的参与者而言，要谨记自身在进行居家音乐锻炼时，身体随时处在不同的状态下，锻炼者要根据自身动态的身体状态进行调整，调整自身居家音乐健身动作；而作为居家音乐健身方案的设计者而言，更要践行平衡功能诉求理念，使设计出的居家音乐健身方案更具科学性，以积极作用正面影响居家音乐健身参与者的身心健康。

3.3.1.2 基于动作平衡功能的动作设计

大众居家音乐健身的成套动作设计需要满足并践行平衡功能需求理念，包括下关节的屈伸、内收和外展、内翻和外翻（主要针对踝关节）、回旋（旋内旋外）等，从身体各关节的解剖性视角出发去设定并影响相关动作，而具体某个关节的基本运动形式（见表 3-7 所列）及部分基础动作下文将进行详细阐述。

表 3-7 解剖视角下关节的基本运动形式

动作幅度	关节
屈伸	腕关节，肘关节，肩关节，脊柱，踝关节，膝关节，髋关节，膝关节，掌指关节
回旋	肘关节，肩关节，髋关节

大众居家音乐健身运动中常用关节所能运动的幅度有屈和伸、内收和外展、回旋等，根据不同关节所能运动的幅度，本文就大众居家音乐健身参与者诉求较高的身体主要部分的基础动作做出具体划分与阐述（见表 3-8～表 3-10 所列）。

表 3-8　关节屈和伸的基础动作

关节	屈的基础动作	伸的基础动作
脊柱	基本站立姿势，站立时后背直立，两脚略微分开（可以双脚并拢），两膝伸直，向前弯身，使脊柱处于屈曲的状态，根据个人柔韧性的实际情况完成动作，在不使身体过于勉强用力的情况下，尽可能地做到脊柱最大程度的弯曲	基本站立姿势，站立时后背直立，两脚略微分开（可以双脚并拢），双手交叉举过头顶，从交叉的双手开始向后倾，带动脊柱的伸展。根据自己的实际情况，在不使身体过于勉强用力的情况下，尽可能做到脊柱最大程度的伸展
肩关节	一侧手臂伸直，手心方向朝向身体，手向身体前上方抬起，为肩关节的屈，根据个人情况，调整动作的幅度	一侧手臂伸直，手心方向朝向身体，手向身体后上方抬起，为肩关节的伸，根据个人情况，调整动作的幅度
肘关节	一侧手臂，大臂和小臂呈 90°夹角，小臂整体向大臂方向靠拢，称为肘关节的屈	一侧手臂，大臂和小臂呈 90°夹角，小臂整体向大臂方向远离，称为肘关节的伸
腕关节	手掌与小臂处在一条直线上，掌心朝上，腕关节带动手掌向上运动，称为腕关节的屈	手掌与小臂处在一条直线上，掌心朝上，腕关节带动手掌向下运动，称为腕关节的伸
髋关节	站立姿势，双脚并拢，脚尖朝前，大腿伸直向上抬起，称为髋关节的屈。根据个人自身情况，调整动作幅度	站立姿势，双脚并拢，脚尖朝前，大腿伸直向后抬起，称为髋关节的伸。根据个人自身情况，调整动作幅度
膝关节	站立姿势，双脚并拢，脚尖朝前，以右侧腿为例，小腿向后抬起与大腿垂直，小腿向大腿方向靠拢，称为膝关节的屈	站立姿势，双脚并拢，脚尖朝前，以右侧腿为例，小腿向后抬起与大腿垂直，小腿向大腿方向远离，称为膝关节的伸
踝关节	坐姿，一侧腿抬起，如右腿，右脚向上勾，即脚趾向小腿方向靠近，为踝关节的屈	坐姿，一侧腿抬起，如右腿，右脚向下压，即脚趾向小腿方向远离。脚背与小腿呈一条直线，为踝关节的伸

表 3-9　关节内收和外展的基础动作

关节	内收	外展
肩关节	一侧手，手心方向朝向身体，右手贴近身体，向前左方向移动，为肩关节的内收。根据个人情况，调整动作的幅度	一侧手，手心方向朝向身体，右手远离身体，在冠状面内水平移动，为肩关节的外展。根据个人情况，调整动作的幅度
桡腕关节	手掌与小臂处在一条直线上，掌心朝上，以右手为例，腕关节带动手掌向左侧运动，称为桡腕关节的内收	手掌与小臂处在一条直线上，掌心朝上，以右手为例，腕关节带动手掌向右侧运动，称为桡腕关节的外展
髋关节	站立姿势，双脚并拢，脚尖朝前，大腿伸直向左侧方向移动，称为髋关节的内收。根据个人自身情况，调整动作幅度	站立姿势，双脚并拢，脚尖朝前，大腿伸直向右侧方向移动，称为髋关节的外展。根据个人自身情况，调整动作幅度
膝关节	坐姿，双脚开立，脚尖朝前，膝关节屈曲状态，小腿与大腿垂直，小腿逆时针方向旋转，称为膝关节的内收	坐姿，双脚开立，脚尖朝前，膝关节屈曲状态，小腿与大腿垂直，小腿顺时针方向旋转，称为膝关节的外展
踝关节	坐姿，双脚开立，脚尖朝前，以右脚为例，踝关节向左上方弯曲，称为踝关节的内翻	坐姿，双脚开立，脚尖朝前，以右脚为例，踝关节向右上方弯曲，称为踝关节的外翻

表 3-10　关节旋内和旋外的基础动作

关节	旋内	旋外
肩关节	一侧手臂（如右手臂），肘关节呈90°弯曲，大臂垂直地面，小臂平行地面，掌心向上，小臂向身体方向（逆时针）旋转，称为肩关节的旋内	一侧手臂（如右手臂），肘关节呈 90°弯曲，大臂垂直地面，小臂平行地面，掌心向上，小臂向身体方向（顺时针）旋转，称为肩关节的旋外
肘关节	一侧手臂，手掌与矢状面平行，大臂小臂呈 90°夹角，手掌心朝下运动，称为肘关节的旋内	一侧手臂，手掌与矢状面平行，大臂小臂呈 90°夹角，手掌心朝上运动，称为肘关节的旋外
髋关节	站立姿势，双脚并拢，脚尖朝前，以右侧腿为例，小腿向后抬起与大腿垂直，小腿顺时针方向旋转，称为髋关节的旋内	站立姿势，双脚并拢，脚尖朝前，以右侧腿为例，小腿向后抬起与大腿垂直，小腿逆时针方向旋转，称为髋关节的旋外

3.3.2　功能性动作设计

3.3.2.1　不同人群专门功能

大众居家音乐健身活动面向的是全体有居家健身意愿的社会成员，参与者包括学龄前儿童至老年群体，年龄跨度大、社会角色广。基于此，要在充分考虑居家音乐健身对于不同人群有不同功能的前提下进行动作设计，年龄因素是首要考虑因素，主要划分详见表 10 所列，包含学龄前儿童组（3～6 岁）、儿童青少年组（7～18 岁）、成年组（男：18～59 岁；女：18～54 岁）、老年组（男：60 岁以上；女：55 岁以上），见表 3-11 所列。不同年龄组人群的居家音乐健身目标不同，在编排动作时要从其所追求的健身目标出发，充分考虑居家音乐健身所能发挥出的功能进行相对应的动作编排设计。

表 3-11　年龄阶段划分

组别	年龄范围（岁）
学龄前儿童	3～6
儿童青少年	7～18
成年	男：18～59
	女：18～54
老年	男：60 以上
	女：55 以上

按照年龄划分出不同阶段组别，再结合不同组别男女性别生理特点差异分析，列举出针对不同居家音乐健身人群的个性化健身方案。

首先，对学龄前儿童组进行详细分析，在身体特点方面，主要从骨骼与关节、肌肉、血液循环、呼吸系统与神经系统等方面予以考虑，见表 3-12 所列。

表 3-12　学龄前儿童身体特点

名称	生理特点	方案注意事项
骨骼与关节	腕骨未完全钙化；胸骨未完全结合；脊椎的生理性弯曲未定型；骨盆（其中骨盆是由髋骨、骶骨及另一侧的尾骨组成）尚未定型，其中髋骨是由髂骨、坐骨和耻骨三块骨愈合而成的并且三块骨愈合较晚；足骨的骨化尚未完成从而带来足弓不结实。对于关节来说最大的特点是柔软。因为学前儿童的关节窝是比较浅，且软骨相对较厚以及关节囊和韧带的伸展性大，所以关节的活动范围会比成人大很多。但也有不足之处，因为关节囊和韧带较松弛，肌肉纤维比较细长从而导致力量差，关节的牢固性也比较差。当学龄前儿童使用外力时要做到适当适度，否则很可能会引发脱臼	对学龄前儿童来说其骨骼弹性较大，当其受到外力直接造成断裂可能性比较小，更多的是出现弹性弯曲，易变形，所以对学龄前儿童来说在锻炼的时候避免剧烈的震动，提倡加强对侧肢体的锻炼，可以有效防止脊柱弯曲变形或肢体发育不均衡的情况

（续表）

名称	生理特点	方案注意事项
肌肉	肌肉与成人相比表现更柔软，肌肉所含水分也相对比较多，但是像蛋白质、脂肪、糖、无机盐等基本营养元素与成人相比会少一些，所以会导致能量储备不足。其特点表现为肌肉收缩力差，易疲劳，但是新陈代谢旺盛，又易恢复；如果年龄越小的孩子，那么这些特点会越明显	对于学龄前儿童发展的核心进行大肌肉动作，其主要包括像四肢、躯干等大肌肉群发力的动作，并且此时锻炼动作以简单为主，不提倡负重锻炼，运动能力主要体现在移动能力和控制物体的能力这两个方面
血液循环	学龄前儿童相对成年人来说有着心率快、排血量较少；毛细血管丰富、血流量大；血管壁薄、弹性小等特点	锻炼强度应该缓慢增加，逐步推进，不宜做时间较长或剧烈运动，应做到循序渐进
呼吸系统	学前儿童胸部肌肉还未发育完全，胸腔狭小，所以以“腹式呼吸”为主；呼吸中枢发育也还未完善，呼吸的节律性较差	建议采用以有氧代谢为主的锻炼方式，有意识主动提高呼吸机能。特别是在运动中注意呼吸方式：可用口鼻来进行同时呼吸抑或者选择运动发力时呼气，放松时吸气
神经系统	神经系统发育不均衡，小脑发育相比于其他脑部发育会晚一些，皮质发育也不成熟；交感神经兴奋性强而副交感神经兴奋性较弱，主要体现在：好动，易疲劳，注意力易分散	锻炼内容尽可能地做到生动有趣，可适当加入游戏环节，同时注意合理安排间接休息时间，不用过分要求对动作的精准度

在运动标准制定方面，表 3-13 是学龄前儿童不同运动素质的运动标准。

表 3-13　学龄前儿童的运动标准

年龄	平衡	力量	耐力
3～4 岁	能走直线或在窄物体上走一段距离；能双脚交替上下楼梯；能双脚连续向前跳并保持平稳落地；分散跑时可以灵活地躲开他人；能做双手向上抛球的动作	能双手抓单杠悬空吊起 10 秒左右；能单手将沙包向前投掷 2 米左右	单脚连续向前跳 2 米左右；快跑 15 米左右；连续行走 1 千米左右

（续表）

年龄	平衡	力量	耐力
4～5 岁	能在较窄并且低矮物体上平稳地行走一段距离；能以匍匐方式钻爬；能通过助跑的方式跨跳过一定的距离，或助跑方式跳过一定高度的物体；能与他人玩耍一些类似追逐、玩跑的游戏；能连续地自己抛球自己接球	能双手抓单杠并以悬空吊起的方式坚持 15 秒左右；能单手将沙包向前投掷 4 米左右	能单脚连续向前跳 5 米左右；能快跑 20 米左右；能连续行走 2 千米左右
5～6 岁	能在斜坡、晃荡的物体上和有一定间隔的物体上平稳地行走；能以手脚并用的方式安全地爬攀登架；能进行连续跳绳；能够躲避他人扔过来的东西；能连续拍球	能双手抓杠悬空吊起 20 秒左右；能单手将沙包向前投掷 5 米左右	能单脚连续向前跳 8 米左右；能快跑 25 米左右；能连续行走 5 千米以上（途中可适当停歇）

这个年龄段的儿童正值生理和心理成长最关键的时期，只有通过学习而不断积累经验才能逐渐适应成长所需，让身体各个器官与各种知觉合一，彼此协调，完成身体各种机能活动，使身体各系统运作更加协调。因此，这个阶段的儿童在进行居家音乐健身时应注重肢体协调性发展，而且要重视练习过程中的娱乐性和游戏性，只有如此才能真正吸引孩子参与进居家音乐健身，让孩子在游戏中获益、在游戏中得到应有的锻炼。居家情况下，家长随时随地陪伴在孩子身边，这无形中确保了孩子进行居家音乐健身的安全，同时家长的陪伴温馨了亲子时光，促进了亲子关系的发展，也使孩子参与居家音乐健身更具积极性，本书特提出居家亲子锻炼游戏（见表 3-14 所列）。

表 3-14 居家环境下学龄前儿童的锻炼游戏

游戏名称	器材	规则
精准停球	皮球或其他球体物品	家长和孩子彼此相隔一定距离，家长拿着皮球朝面向孩子的方向坐在地上，孩子站立，身体一侧面向家长；家长将手中的球向孩子的方向滚动，孩子感觉球到达脚下的位置并坐在球上。注意：孩子只能用臀部触球来阻止它，不能用手或脚

（续表）

游戏名称	器材	规则
小球闪躲	皮球或其他球体物品	家长与孩子保持一定的距离，家长手里拿着球坐在地上，面对孩子，孩子躺在地上，垂直于面向家长的方向；家长将手中的球向孩子的方向滚动，孩子感觉球到达靠近身体的位置，用双手和双脚支撑身体，让球从身体下方平稳地通过。支撑身体传球后，身体先下沉，身体接触地面后头部低下，这样在比赛中头部不会先接触地面，从而避免造成伤害
斗球大赛	皮球或其他球体物品	家长和孩子俯卧在地上或跪在一个位置，双方用头将球顶向对方，对方也用头部将球击回去，就像踢足球一样，只不过踢的部分是头部，身体处于俯卧位，双方来回“踢球”。注意：所选物品的尺寸更适合皮球，如果太小，体力活动不大；在家中选择一个空闲空间，以防止在玩耍时撞到周围的物体并造成损坏
螃蟹运球	皮球、气球或其他适合物品	家长和孩子面对面站立，家长蹲在与孩子身高齐平处，双方额头并拢靠球，稳定双方侧身，类似于“螃蟹行走”，将球从起点运送到终点。家长要蹲下以匹配孩子的身高，这对家长来说也是一种锻炼。它还可以减少家长运动的难度，背靠背站立，挤压气球并通过背部和臀部运输气球。注意：蹲下时，家长可以张开双手保护孩子

其次，对儿童和青少年组进行详细分析，在身体特点方面，主要从骨骼与关节、肌肉、呼吸系统等方面予以考虑，见表 3-15 所列。

表 3-15　儿童和青少年的身体特点

名称	生理特点	方案注意事项
骨骼与关节	骨骼：软骨成分多，骨组织内的水分和有机物质（骨胶原）多，无机盐少，骨密质较差，骨富有弹性但坚固性不强。造成儿童和青少年的骨富有弹性，坚固不足，易弯曲和变形，不易完全骨折；随着年龄的增长，骨的成分会发生变化，无机盐增多，水分减少，坚固性增强，韧性减低。 关节：儿童的关节面软骨相对较厚，关节囊和韧带的伸展性大，关节周围的肌肉细长。所以关节活动范围大于成人，但牢固性相对较差，在外力作用下较易脱位	力量性练习时，以动力性练习为主，不用或少用静力性练习。为防止骨骼的变形，注意加强对侧肢体的练习，即全面的身体锻炼；关节的特点，可充分发展柔韧性，但也应注意关节的牢固性，以防关节损伤

（续表）

名称	生理特点	方案注意事项
肌肉	肌肉中水分多，蛋白质、脂肪、无机盐类少，收缩能力差，耐力差，易疲劳，且躯干肌肉发育先于四肢肌，屈肌先于伸肌，上肢肌先于下肢肌，大块肌肉先于小肌肉	10 岁以前不宜进行负重练习，可采用抗体重练习；12～13 岁可增加一些抗阻的力量练习；15～18 岁，可增加阻力或负重练习，但应以动力性练习为主，负荷不宜过大，组数不宜过多
血液循环	心脏：心肌纤维较细，心脏的容积和重量均小于成人，心肌收缩力弱，每搏输出量比成人少，但相对值大于成人；心脏发育不够完善，心率较快。血管：血管壁弹性好，血管口径相对于成年人大，外周阻力较小，血压较低	心血管能承受一定的运动量，但负荷量不宜过大，减少“憋气”、紧张性和静力性练习，但可以进行低强度的耐力练习
呼吸系统	胸廓狭窄，呼吸肌力较弱，因此呼吸频率快，呼吸较浅，肺活量和肺通气量比成年人低；氧运输系统的功能不如成年人，有氧能力和无氧能力都比成年人低	多采用发展有氧代谢为主的练习，提高呼吸机能。注意呼吸方式：如可用口鼻同时呼吸；运动发力时呼气，放松时吸气
神经系统	兴奋和抑制过程发育不均衡，神经活动过程不稳定，7～12 岁兴奋过程占优势，表现为活泼好动，注意力不集中，多余动作常出现；13～14 岁，综合分析能力明显提高，但复杂精细的动作掌握较困难。15～16 岁，分化能力显著提高；经细胞工作耐力差，易于疲劳，但消除疲劳较快，重新恢复也快	方案内容要生动有趣，可加入游戏或健身的环节，注意安排短暂休息，对动作的精准化程度要求较低

由于这个年龄段的儿童和青少年正处于身体快速发育期，虽年龄差距较小，但个体身体素质的差异较大。本文根据此年龄段儿童和青少年的特点，列出该组别儿童和青少年针对不同运动素质的运动推荐（见表 3-16 所列）。

表 3-16　儿童青少年运动计划推荐一览表

	有氧运动	力量素质训练	柔韧素质训练
练习频率	每天	每周 3 天以上（包括 3 天）	每天
练习强度	每周进行中强度及其以上强度的有氧运动，并且要保证有至少 3 次较大强度的运动	用体重作为阻力运动至中度疲劳	拉伸达到拉紧或轻微不适状态即可
练习时间	每天 60 分钟以上	每天 60 分钟以上	每天 60 分钟以上
练习方式	内容生动有趣、匹配与发育相适应的一些有氧活动，其中包括基于居家环境的有氧舞蹈、健身、瑜伽等	进行肌肉力量训练，基于居家环境，主要为非器械的力量练习，最普遍的就是克服自身阻力练习	主要为静力拉伸、动力拉伸、PNF 拉伸等

这个年龄段的儿童和青少年在思维能力、专注能力、语言能力上均得到了较大的成长与提升，具体体现在人际沟通和对外来信息的理解力显著提高，因此针对这个年龄阶段的儿童和青少年可对其“力量、速度、耐力、灵敏与柔韧”等运动素质予以适当发展。但需注意的是，在对儿童和青少年进行运动素质的锻炼时，不可与成人一样，要区别对待，避免拔苗助长，因此在设计方案时合理安排居家音乐健身内容尤其重要，可以融入符合这一年龄段的单一素质训练，但仍然应该以有氧训练为主，单一素质训练为辅，应循序渐进地增加。在此年龄段内，随着年龄的增长，逐渐增加素质练习，对于低龄而言，仍应以趣味性游戏练习为主。

在对成年组进行详细分析时，充分考虑成年人身体发育至成熟状态。在身体特点方面，男性和女性各有区别，主要从骨骼、肌肉、心血管、呼吸系统等方面予以考虑，见表 3-17 所列。

表 3-17　成年人不同性别的身体特点

名称	女性	男性
骨骼	女性的骨骼比男性短而细，骨密度更薄，水分和脂肪含量更多，无机盐含量更少，抵抗压缩和弯曲的能力仅为男性的 2 / 3。女性脊柱的椎间骨比男性粗，腰部活动范围大，关节囊和韧带较薄，弹性和柔韧性好，关节活动范围大	正常成人有 206 块骨骼，男性骨骼重量占体重的 25%，股骨、肱骨两侧上髁直径、臂长、胸围和肩宽等指标较高，柔韧性较差，但速度质量、承重能力强
骨骼肌	肌肉占体重的比例小，肩胸窄，上臂肌肉无力，躯干比较长，下肢比较短，重心低，腔圆大，胯部小，臀部宽，脂肪占体重比例大，一般在 28% 以上，男性一般为 18%。动态和静态强度均低于男性。肩部狭窄，肩胛带肌和前臂肌肉的力量较差，做悬垂、支撑和重动作比较困难。皮下脂肪较厚，肌肉中慢纤维的比例高于男性，有助于长距离训练，但速度较慢	成年人全身骨骼肌约 600 块，约占体重的 40%，由于雄性激素的同化，相比女性，男性的肌肉体积、肌肉质量优于女性，肌糖原含量较多，肌肉生理横截面积较大，而男性的快肌纤维占比多，速度、爆发力等都比女性大
心血管系统	心脏比男性轻 10%～15%，单次心跳输出比男性少 10%，运动时通过加快心率来满足身体的需氧量而增加心输出量。血液中的全身血容量、红细胞和 Hb 低于男性，血红蛋白浓度为 110～150 克 / 升，血液输送氧气和二氧化碳的能力较弱	男性的心脏体积、重量、容积大于女性，心脏储备能力较好，红细胞占全血的 40%～50%，血红蛋白浓度 120～160 克 / 升，血容量占体重的 7%～8%，成人静息时的心输出量约为 3～6 升 / 分钟。锻炼时，通过增加每搏量来增加每分钟的输出量
呼吸系统	女性的胸廓和肺容量、胸围和呼吸差异比男性少。呼吸肌力量弱，肺通气和通气功能低下，表现为呼吸频率加快，肺通气量和肺活量小。运动时的供氧能力也比男性差，耐力和训练能力也不如男性	普通男性的肺活量约为 3500 毫升，平均总肺容积为 5000 毫升，每分钟通气量为 6～8 升。呼吸的形式是混合的，但男性更喜欢腹式呼吸。健康成人休息时的收缩压在 90～139mmHg 之间，舒张压在 60～89mmHg 之间

根据上述对成年人的生理特点的分析，本文针对居家音乐健身的成年群体中不同运动素质做出运动推荐（见表 3-18 所列）。

表 3-18　大众居家音乐健身中成年人的运动计划推荐

练习类型	练习频率	练习负荷	练习时间	练习方式
有氧运动	每周 3～5 天	每周 5 次训练：每次练习负荷可保持在中等强度 每周 3 次训练：每次练习负荷保持在高强度 也可选择每周 3～5 次中等强度和高强度的交替选择组合	日常联系：每次有氧运动时间控制在 30～60 分钟 减脂计划：每天有氧运动时间保持在 60～90 分钟 亦可每周中等强度有氧运动总时间控制在 150～300 分钟，或每周高强度有氧运动总时间保持在 75～150 分钟	囿于居家环境，选择操舞类居家音乐健身方式
力量训练	每周 2～3 天，并且相同肌群的重复训练至少时隔 48 小时	高强度：所选力量训练动作每个练习 20 个以上，3～5 组，组间间歇时间控制在 1～2 分钟 中等强度：所选力量训练动作每个练习 10～20 个，3 组，组间间歇时间控制在 2～3 分钟 低强度：所选力量训练动作每个练习 8～12 个，2 组，组间间歇时间控制在 2～3 分钟		囿于居家环境，可选择非器械练习和器械练习两种，根据自身具体情况选择。非器械包括克服自身重量的联系动作，器械包括利用居家中的米、油、矿泉水、书包等

身体各项技能已经发育成熟的健康成年人，在进行居家音乐健身时可以根据自身所需自行选择，可就某个单一素质或混合素质进行针对性锻炼。本书以柔韧性练习为例，列举相关练习方式与方法（见表 3-19 所列）。

表 3-19　柔韧性锻炼的具体动作

动作名称	动作说明
仰头、左右颈部伸展	可选择站立或坐在椅子上，目视前方、挺直脊柱，仰头抬下巴或者头向左或右边偏，偏头时注意把手放在胸部上相反一侧。 要点：脖子拉长从而使颈部得以充分伸展，用手压住锁骨从而避免因肌肉拉伸张力导致的锁骨上升，与此同时保持肩部的下沉
单腿跪地后扶脚	单腿跪在软垫上，跪地腿大腿与小腿互相垂直，再用跪地腿同侧的手将后脚踝握住，并向上拉伸，此时另一只手可扶住其他物品以保持整个身体的平衡
站姿抬腿练习	找到椅子高度的物体，面对而立，将一条腿抬升放上去，双手沿着此条腿由大腿根向脚尖远处伸展，伸展过程中避免背部拱起
坐姿 V 形拉伸	坐于地面，将两腿伸直打开，双手沿着身体正前方往前伸。在此过程中可持续加大双腿分开幅度，但要注意节奏缓慢，避免受伤

在对老年组进行详细分析时，依然选择从其身体特点出发，主要包括骨骼与关节、肌力、心血管系统、神经系统几个方面进行分析，见表 3-20 所列。

表 3-20　老年人的身体特点

名称	生理特点	针对性练习
骨骼与关节	在老年群体的骨骼与关节问题中，骨质疏松是普遍存在的现象。由于骨矿物质的缺失，再加上多孔疏松，致使老年人骨头质量急剧下降，容易造成骨折。老年人的关节问题主要表现在关节的活动性逐年变差。由于长年的磨损，关节骨厚度大大减少，加之严重的钙化问题，从而导致老年人的关节弹性丧失、滑膜面纤维化以及关节面退化等现象	柔韧素质
肌力	老年群体的肌肉力量和质量均呈下降趋势，肌纤维体积的变小以及数量的减少、肌肉密度的降低以及肌肉间脂肪含量的增加均是造成这些问题的原因	力量性素质

（续表）

名称	生理特点	针对性练习
血管系统	老年群体的心脏每搏输出量和心输出量均呈现减少趋势，这就导致了最大心率的下降，还包括心肌细胞萎缩和冠状动脉粥样硬化等问题。 老年人的血管硬化是普遍存在的现象，这增加外周阻力，从而导致收缩压升高，而舒张压几乎没什么变化	有氧运动
神经系统	老年人体内大量神经细胞萎缩甚至死亡，致使神经中枢处理信息的能力较以前大幅下降，感受器也逐渐退化	协调素质

结合居家音乐健身老年群体的身体情况分析，表 3-21 和表 3-22 针对不同运动习惯的老年人提出不同训练水平运动强度的推荐，以及在居家音乐健身中融入不同运动素质练习的运动推荐。

表 3-21　老年人的运动负荷推荐

日常运动习惯	练习频率（天）	练习强度（RPE）	练习时间（分钟）	活动步数（步）
久坐 / 不运动	每周 3～5	中低强度（RPE3-6）	每日 20～30	3000～3500
极少基本体力活动 / 不运动	每周 3～5	中低强度（RPE3-6）	每日 30～60	3000～4000
偶有体力活动 / 少量运动	每周 3～5	中高强度（RPE6-8）	每日 30～90	>3000～4000
经常体力活动 / 定期中高强度运动	每周 3～5	中高强度（RPE6-8）	每日 30～90	>3000～4000
大量体力活动 / 定期高强度运动	每周 3～5	高强度	每日 30～90	>3000～4000

表 3-22　老年人的运动计划推荐

	有氧运动	抗阻力训练	柔韧素质训练	协调素质训练
练习频率	中等强度：每次居家音乐健身持续至少 10 分钟，每天累计完成 30～60 分钟的有氧运动，每周累计约 150～300 分钟的居家音乐有氧运动。 高强度：每次居家音乐健身持续至少 20～30 分钟，每天累计完成 75～150 分钟的有氧运动，每周将中等强度的居家音乐有氧运动和高强度相结合进行	每周 2 次以上	每周 2 次以上	每周 2～3 次
练习强度	将运动辛苦程度量表 0～10 列为参照： 中等居家音乐健身强度：5～6； 高强度：7～8。 不同运动强度所对应的运动时间：中等强度的运动每次不少于 10 分钟，每天累计不少于 30 分钟	4～6 个练习动作 / 组， 3～5 组， 组间休息 3 分钟	中等强度	
练习方式	囿于居家环境，可将太极、五禽戏等中华民族传统体育项目作为居家音乐健身的选择	非器械抗阻练习	静态持续拉伸运动均可	双手胸前交叉单脚站立（保持 5 秒）、单脚站立左右位移健身球等

考虑老年人身体机能逐渐下降，所能承受的运动负荷以及参与居家音乐健身的动作幅度，甚至是神经对身体的控制力均较低并逐步下降，因此在设计居家音乐健身方案时，最佳的锻炼方式是健身气功，其简单的动作和较小的幅度对于老年人而言更易于完成，并且保证了老年人在居家音乐健身过程中的安全性，极大地避免了运动损伤的出现，表 3-23 对健身气功的动作名称及说明做出了详细解释。

表 3-23　健身气功的基础动作

动作名称	动作说明
预备式	自然站立，脚趾朝前，脖子直立，头伸直，双脚并拢，双腿微弯，双手自然下垂，挺胸提肛，牙齿轻轻叩击，舌头在上颚上，微笑，眼睛微闭，全身冥想放松，站立直到呼吸均匀。消除干扰，放松大脑。等到你的呼吸像你睡得很好时一样柔和，然后开始练习
升降桩	自然站立，脚趾朝前，重心向右脚移动，左脚向左移动，比肩膀略宽；双臂由指尖引导，以肩高缓向前抬起，掌心向下；双腿微下蹲，手掌轻轻向下按压，呼吸随着吸力和下降力的呼气而上升，上下肢共同抬起手臂伸展腿部，按压手掌弯曲膝盖。力施加到脚上，然后从腿部到臀部，从腰椎到手臂，节节贯穿，最后赋手指以形状。本式升降各一次
理三焦	自然站立，双脚分开，人放松。双手缓慢从体前抬起，掌心向下，经胸前慢慢向上推。手伸到最高的时候，双手举起，手顶起来，用力撑起来，手带着手臂往上撑起来，同时，双脚也用力拉伸；手举至最高点停顿 5 秒，慢慢从体侧向下，手要伸直，直至双手恢复自然站位姿势
掸靴式	1．吸气时，提肛收腹；舒展胸展体，身体左转；同时，左拳变掌随左臂内旋压向上举，眼随手走看向左掌；左掌随左臂外旋和身体右转顺势摆至身体右侧上方，左臂伸直；眼看左掌。动作不停，左掌落于右肩前，屈肘翘指；眼看左掌。 2．呼气时，松腹松肛；上体左侧屈，两腿伸直；同时，左掌随左臂稍外旋沿右腿向下摩运，稍抬头，身体向左转正，同时，左掌随左臂内旋经脚面摩运运行至左脚外踝呈“掸靴”状，稍抬头，眼的余光看左掌。 3．随着吸气，提肛收缩，同时，左掌随左臂外旋握拳，并随上体稍起提至左膝外稍抬头 4．随着呼气，松腹松肛，上体直起；同时，左拳收于腰腹，拳心朝上，中冲点抠劳宫；眼平视前方

（续表）

动作名称	动作说明
鸟飞式	两腿微屈，两掌呈“鸟翅”合于腹前，掌心相对，目视前下方。 1．右腿伸直独立，左腿屈膝提起，小腿自然下垂脚尖朝下；同时两掌呈展翅状，右体侧平举向上，稍高于肩，掌心向下，目视前方。 2．左脚下落至右脚旁，脚尖着地，两腿微屈；同时两掌合于腹前，掌心相对，目视前下方。 3．右腿伸直独立，左腿屈膝提起，小腿自然下垂，脚尖朝下；同时两掌经体侧，向上举至头顶上方，掌心相对，指尖向上，目视前方。 4．左脚下落在右脚旁，全脚掌着地，两腿微屈；同时两掌合于腹前，掌心相对，目视前下方
收式	在连接式中，两只手臂内旋，手掌左右分开，有内旋臂，手臂外旋，使手掌朝前，将手折叠在丹田上，男方左手在内，女方右手在内，从左到右持续三周，然后从右到左持续三周，此时增生大量唾液，需分三口咽下

正如前文所说，老年人群体除了身体机能和运动能力逐步下降以外，其神经控制能力也在日益衰退，故在进行居家音乐健身时，也应加强对老年人的神经控制能力的锻炼，本文特此提出针对老年人神经控制能力的训练动作（见表3-24所列）。

表3-24　协调素质训练方法

训练目标	训练难度等级划分	协调素质与功能的相关性	日常生活实际案例
通过慢慢减少支撑来实现增加难度的目标	两腿分开与肩同宽站立＜两腿并拢站立＜单腿站立＜走标准直线	由于老年人的协调素质逐渐退化，如若不经常加以锻炼，其很难在小支撑面上保持自身中心平衡	在平地面上大步行走；跨过马路人行道上的裂缝
存在重心发生改变的动态性动作	走路-暂停-继续＜走路-暂停-后退一步-继续走＜对角线跨步-手臂向外上方摆动-返回	自身躯干的自由移动是由身体自稳系统来完成的，且不需要主动意识	在大街上随意躲过人群；弯腰捡起掉落的物品
锻炼稳定肌群	单纯依靠脚跟或脚趾站立＜双脚固定站立情况下身体往前后左右四个方向倾斜＜手持球放于身前并做大幅度“8”字旋转	身体的平衡应该由所有肌群的自动化协调实现	手拿重物的身体前倾；踮脚取物

3.3.2.2　家庭团体专门功能

新冠肺炎疫情背景下，居家音乐健身被更多群体所了解并参与，居家音乐健身也成为越来越多人群的选择，此时的健身锻炼虽然受到场地、器材的限制，但是有家人的陪伴，可以在彼此监督与鼓励中一起锻炼，在感受体育运动带来的愉悦中拉近亲人间的关系，使家庭氛围升温。在这样的背景下，大众居家音乐健身中需要增加亲子成套动作的创编，满足家庭团体专门功能，全家一起参与进居家音乐健身运动，齐锻炼、齐开心。具体操作上，创编中增设大众居家音乐健身的家庭健身方案，或是进行民族传统体育项目，此项目与全体家庭成员参与居家音乐健身有着非常高的契合性，对器械需求低，无人数限制要求，与居家环境十分贴切。除此之外，还可以创编众多居家音乐健身小游戏，增强居家音乐健身的趣味性，本文特此提出相关居家健身小游戏（见表 3-25 和表 3-26 所列）。

表 3-25　家庭版居家健身游戏

游戏名称	器材	规则
小心地雷	纸杯、秒表（手机）	纸杯摆放为一列，每个纸杯间的距离要比脚宽，可以排成“s”型，也可以排成“一”字形，形状可以根据自己的喜好进行自由发挥，锻炼者需要确定起点。从起点开始，只能走纸杯与纸杯之间空隙的方法达到终点。这一过程需要借助秒表来进行计时，从而产生游戏的竞争感，提高游戏的趣味性。在这一过程中需要注意的点：在整个游戏过程中，身体的任何部位都不能触碰到纸杯，否则参与游戏的人需要重新从起点开始，但是无须重新计时
搭建宝塔	纸杯、秒表（手机）	将纸杯聚在一起放在地上，锻炼者呈跪姿，双脚在后交叉，双手撑地也就是跪姿俯卧撑的开始姿势，只能使用一只手将纸杯重叠起来，在整个游戏过程中要保证摞起来纸杯不倒，用秒表进行计时，用时越少者将取得胜利。注意：该游戏应该根据不同年龄段，放纸杯的数量应该进行相匹配的调整，至少应满足双手能够支撑的时间，这样才能增加游戏完成度的同时增加游戏的趣味性，或者对于成年人来说可以采用俯卧撑的方式来合理地提升游戏的难度，保证游戏的公平性和参与程度

（续表）

游戏名称	器材	规则
运送快递	书本、玩具等负荷较小的物品	通过在相同的时间内来比较运送物品的多少，锻炼者采用身体仰卧，腹部朝上的姿势，整个过程屁股离地，用脚和手来撑起身体，就像仰卧撑的动作那样，将物品放在大腿与腹部所形成的夹角里，所以建议物品选取负荷较小的，然后用四肢移动来运送物品。这个游戏既可以保证参与者四肢力量得到有效锻炼，又可以有效地提升身体协调以及空间感知能力。在这个游戏过程中的注意事项：具体运输的距离可以根据年龄最小的孩子来设置，从而保证游戏的参与度；对于成年人来说可以通过增加负重的方法来增加难度，从而保证比赛的公平性
搬运工	纸杯、瑜伽垫或其他适合物品	锻炼者面对面坐在瑜伽垫上，双方面前摆放倒扣在地上的纸杯，锻炼者通过双腿抬起夹住纸杯，双脚将身体一侧的纸杯夹起移送到另一侧，双腿不触地的情况下依次将杯子叠加起来。此项游戏可以提高锻炼者的核心控制力。可以通过改变不用叠纸杯，只需要将纸杯放在地上来降低难度，让游戏具有可行性
丢沙包	沙包或其他适合的物品	该游戏需要设定一个具体的游戏区域，可以根据家里的空闲位置来合理地设置形状，如正方形或长方形。以长方形为例，选取两个人站在长方形的较短的边，剩下的人全部都站在区域里面，长方形外边两个人中任意选择一人手持沙包，尽可能地砸向长方形里面的人，被砸中的人需要从该区域出来进行替换位置。该游戏注意事项：长方形里面的人活动范围不得超出长方形区域
投篮比拼	纸团或纸杯、盆或桶	两人对立而站，并且两人之间间隔出一定的距离，一人拿盆在游戏规定范围进行左右横跳，其作用就像一个可以来回移动的篮筐，另一人进行保持原地投掷，在规定时间内比拼投入桶内球数，球数越多，则游戏取得胜利。 注意事项：游戏中，拿盆者不能上下跳，也不能转身

（续表）

游戏名称	器材	规则
旋转大风车	纸杯	该游戏可以根据参与游戏人数的多少来选择与之相匹配的纸杯数量，具体数量根据实际情况选择，将纸倒扣在地上并将其排列形成一个圈，但是每个纸杯之间要有一定的间距，大约为孩子可以通过跳跃而达到的距离。锻炼者站在纸杯与纸杯的间隔里，手拉手形成一个圈，锻炼者依次跳跃可以从左开始，也可以从右开始，以此循环。注意事项：跳跃过程中，当上一个人完成跳跃后下一个人才能开始，避免出现摔倒的情况

表 3-26　家庭版居家健身操

动作名称	动作说明
开合跳	初始动作为身体站直，抬头挺胸收腹，眼睛直视前方，双手自然垂直在身体两侧，双脚起跳时要向外扩展，跳开的同时双臂带动向上，双手高举过头，在头的正上方双手击掌，双脚合并并打直，然后回归到初始状态，以此往复。注意：整个过程不能太慢，避免核心力量松散，落地时膝盖不要内扣，避免膝关节损伤，通过屈膝来达到缓冲效果
胯下击掌	初始动作为站立于地面，单侧腿抬起，双手在大腿下方完成击掌，在击掌的同时注意配合呼吸，感觉腹部有收紧的感觉。击掌完毕后，双手侧平举，然后换成另一只脚重复这个动作。注意：在动作过程中，上身始终保持挺直，在胯下击掌时，动作具有节奏，可以不用太快，重点配合呼吸。开始学习的时候可以分解练习动作，熟练后适当加大强度跟音乐节奏锻炼
交叉跳	初始动作为站立于地面，双手叉腰，整体向上发力，双脚起跳向前后分开，两腿左右交叉点地，这样依次交换。在动作开始时可以面向左边跳，然后转换成右边跳。注意：动作速度不宜太慢，核心保持收紧状态
击掌踢毽跳	初始动作为站立于地面，双臂自然垂直于身体两侧，单脚向上抬起的过程中，髋关节内收（大腿内旋），抬起腿的对侧手掌与抬起腿的脚踝击掌。另一侧腿重复同样动作。注意：完成动作过程中，上身始终保持挺直，手与脚踝击掌时，髋关节不要为了完成击掌动作而屈曲，始终保持核心收紧

（续表）

动作名称	动作说明
提膝触肘	初始动作为站立于地面，双手自然垂直于身体两侧，单脚向上抬起，尽量将一侧得到膝盖与另一侧的手肘相触，换成另一侧重复这个动作。注意：在动作过程中，上身始终保持挺直，在膝关节和肘关节相触时，髋关节不要屈曲，保持核心收紧，动作具有节奏
原地高抬腿	初始动作为站立于地面，双手自然垂直于身体两侧，单脚向上抬起，起跳脚落地，换成另一侧重复这个动作。注意：在动作过程中，锻炼者应根据自己的水平来对节奏的快慢进行一个合理的调整，上身始终保持挺直，大腿抬起高度与地面平行
提膝下压	初始动作站立于地面，双手十指交叉放在胸前，单脚向上抬起，双手往下压与抬起脚的大腿相触，另一侧重复这个动作。注意：在动作过程中，双手向上超过头顶，上身始终保持挺直，髋关节不要屈曲
波比跳	双脚与肩同宽站立，保持重心的中立，膝盖微微弯曲，双手自然垂直于身体两侧，蹲的同时双手撑地，上半身向前探出，随后双腿向后跳跃至身体伸直，前脚掌踩地，要求整个身体核心收紧，臀部夹紧，感受到紧绷感，身体不能弯曲，手臂支撑起上半身，随后将双腿快速向腹部收回，起身跳跃的同时，双手在头顶击掌，落地注意缓冲
原地慢跑	站立于地面，挺胸收腹，双手自然垂直于身体两侧，肘关节 90°弯曲，放置两侧肋骨处，单脚离地，对侧手臂向前摆动，起跳脚落地，换成另一侧重复这个动作

3.3.3 进阶性动作设计

在大众居家音乐健身的过程中，除基于普适性原则下通用型锻炼外，也存在部分参与者想追求更好的健身效果，对于此进阶功能诉求，本书也将其纳入大众居家音乐健身动作创编中，见表 3-27 所列。

表 3-27 详细因素

改变因素	举例
支撑点	双手俯卧撑变为单手俯卧撑
支撑面积	小臂支撑改为手掌支撑
支撑面的稳定性	地面改为波速球面
身体姿势	跪姿俯卧撑变为高位俯卧撑

（续表）

改变因素	举例
运动中手掌的朝向	引体向上时正握改为反握
发力点距离	宽距俯卧撑改为窄距俯卧撑
动作完成速度及幅度	深蹲改为半蹲
加入动态动作	弹踢腿改为行进间弹踢腿

3.3.3.1　进阶功能诉求的居家音乐健身肌肉力量动作设计

首先是基于进阶功能诉求的肌肉力量训练，其基础动作主要包含上举、卷腹、站立平行蹲举、直臂屈膝硬拉挺身、俯卧撑。

（1）基础动作名称：上举

动作说明：①双脚与肩同宽；②双手打开向上举，保持在肩部上方定住，肘关节与地面保持垂直，手腕始终保持在中立位置；③在完成动作时，身体姿势始终保持在挺胸、收腹、微微抬头、膝关节微屈，向上举手时尽量伸直手臂；④在完成整个动作后手臂慢慢回到最初位置，见表 3-28 所列。

表 3-28　基于进阶功能诉求的上举动作设计

改变因素	改变方式	动作说明
参与动作的肢体数量	双臂改变为单臂	由于不同人群在日常生活中有不同手使用习惯，双臂改为单臂可重点锻炼到日常生活中使用较少的手
支撑点	减少	减少支撑点，可以增加动作的难度，从而得到更大更好的锻炼效果，以满足进阶功能的需求
支撑面积	减少	减少支撑面积，可以增加动作难度，也符合居家条件下锻炼空间有限的现状；同时减少支撑面积，还能锻炼协调素质，提升身体的平衡性
身体姿势	站姿变为其他姿势	从站姿改变为弓箭步，可以增加难度的同时锻炼到协调素质，增加身体的平衡；从站姿改变为上举时加入身体左右扭动，也能在增加锻炼难度的同时促使身体平衡素质的进步
动作速度	动作完成时间变快或变慢	通过改变上举动作的完成时间，无论是变快还是变慢，都是符合不同居家音乐健身人群的健身自我需求，符合进阶功能的诉求

（续表）

改变因素	改变方式	动作说明
手掌的朝向	掌心朝前变为掌心相对或是掌心朝后	通过对手心朝向的改变，可以在一定程度上增加锻炼的难度、从而提高锻炼的效果

（2）基础动作名称：卷腹

动作说明：①身体仰卧于地面，两脚和膝关节打开的宽度一致，大腿和小腿之间的夹角小于 90°，双手张开置于脑后；②上背部离开地面，腰部的位置始终贴于地面，从头到肩依次抬起，再缓慢放下，动作开始，下颌和胸骨之间的距离较大，在动作过程中，这个距离减小至一个拳头的距离；③沿原运动轨迹，恢复到起始姿势，头部不需要接触地面，再进行第二次动作。在动作过程中，卷腹的时候吐气，下落的时候吸气。该动作过程中，防止手臂用力甚至是过度用力；躯体向上的过程中，在上背部离开地面后，腰部也随之离开地面；同时也注意不要固定脚部或者脚踝，防止练习的肌肉是髂腰肌而不是腹直肌。

在满足居家音乐健身参与者的进阶需求时，也要充分考虑居家的场地条件及设备条件，故本书对上述居家音乐进阶健身动作模式进行适用于居家环境的改良，方便身处居家环境中的不同人群、不同身体素质者能够更好地锻炼，见表 3-29 所列。

表 3-29　基于进阶功能诉求的卷腹动作设计

改变因素	改变方式	动作说明
支撑点	改变位置	基于对高级功能的需求，双脚的支撑改为双手的支撑。双脚抬起，垂直于地面，双手张开以平衡身体，改变支撑点的位置，并调整动作难度以满足不同人群的需求
力矩	用从下往上的卷腹动作替换由上至下	基于高级功能的需求，从上到下的卷腹可以由从下到上的卷腹代替。将双腿垂直抬起至地面，从下往上移动，以改变腹肌发力的顺序，使腹肌得到充分锻炼
身体姿势	卷腹往两侧卷，不再向前卷	参与居家音乐健身的个体根据自身个性化条件进行选择改变
动作速度	加快或者减慢	基于高级功能的要求，通过改变运动速度，可能会增加运动的难度，如减慢速度，增加完成运动的时间，锻炼可能会感受到肌肉能量产生的过程

（3）基础动作名称：站立平行蹲举

动作说明：①两脚开立平行，脚尖垂直向前方，挺胸收腹；②肋骨收紧，腰腹收紧，臀部向后坐，膝关节慢慢弯曲，不要超过脚尖的垂直线，动作过程中，保持脊柱的正常生理弯曲，大腿肌肉主动发力；③控制身体，慢慢回到起始姿势。注意：两脚平行于髋，不是平行于肩；动作过程中不要含胸。基于居家环境以及功能诉求，对该动作模式进行改良，便于处在居家环境中的不同人群、不同身体素质者能够更好地锻炼，见表 3-30 所列。

表 3-30　基于进阶功能诉求的站立平行蹲举动作设计

改变因素	改变方式	动作说明
身体姿势	将身体姿势由自然站立改变为马步、弓步位等	根据对高级功能的要求，选择肺部变化和动作的位置，以提高疗效并达到其效果
支撑点	根据具体情况予以增加或者减少	老年人可以用双手握住桌子或椅子，以增加稳定性，减少重心不稳的问题；也可以根据自身实际减少支撑点，用一只脚支撑，增加运动难度，发展核心稳定性和核心力量
力矩	拉长或变短	增加（减少）双脚之间的距离或平行张开双脚，并将其变成 V 形，以刺激不同的肌肉
动作速度	加快或减慢	通过改变运动速度，可以增加或减少运动难度

（4）基础动作名称：直臂屈膝硬拉挺身

动作说明：①两脚平行，微微屈膝，躯干保持正常的生理弯曲。②髋关节屈，手向脚靠拢。在运动过程中，膝关节蹲起幅度不要过大，一直保持脊柱的正常生理曲。如果脊柱无法保持，则身体低下止于脊柱保持正常的生理弯曲。③髋关节伸，身体恢复到起始姿势。注意：动作过程中，以髋关节的伸展为主，发力部位为髋关节，不是膝关节和肩关节。基于居家环境以及功能诉求，对该动作模式进行改良，便于处在居家环境中的不同人群、不同身体素质者能够更好地锻炼，见表 3-31 所列。

表 3-31　基于进阶功能诉求的直臂屈膝硬拉挺身动作设计

改变因素	改变方式	动作说明
支撑点	根据具体情况予以增加或者减少	根据对高级功能的需求，可以添加支撑点。如，老年人可以用双手握住门或墙。帮助身体保持稳定，还可以由一只脚支撑，以增加运动难度并提高身体控制力
动作速度	加快或减慢	通过改变运动速度，可以增加或减少运动难度

（5）基础动作名称：俯卧撑

动作说明：①身体俯卧于瑜伽垫上，双手支撑于地面，调整好两手掌支撑的距离（略宽于肩膀），肘关节位于肩膀的正下方，背部、腰部、臀部呈一条直线，双腿并拢、伸直，双脚脚尖着地，核心部位收紧；②双肘弯曲，手肘方向朝身体后侧，大臂和躯干的夹角为45°，弯曲幅度根据自己的体能水平决定，使身体贴近瑜伽垫，在此过程中吸气；③到一定的程度后，伸肘推起身体，此过程中呼气，回到开始姿势。注意：动作过程中，膝关节、髋关节固定，脊柱保持正常的生理弯曲。基于居家环境以及功能诉求，对该动作模式进行改良，使于处在居家环境中的不同人群、不同身体素质者能够更好地锻炼，见表3-32所列。

表3-32　基于进阶功能诉求的俯卧撑动作设计

改变因素	改变方式	动作说明
身体姿势	通过对支撑点的位置发生改变而改变身体姿势	根据对高级功能的要求，更改支撑点以增加或减少移动问题。提高双脚支撑点的位置，使头位低于脚位，增加难度，帮助身体素质不同的人可以更好地训练
力矩	将脚尖距离改为膝盖距离	根据高级功能的要求，将脚支撑转换为膝盖支撑可以降低难度，减少推手臂的困难，并为不同身体素质的个人提供更好的训练
掌距	改变手掌间距	根据对高级功能的要求，若手掌之间的距离比肩膀之间的距离更宽，可以减少运动难度；若两臂之间的距离小于两肩之间的距离则会增加运动难度
支撑点	减少支撑点的个数	根据对高级功能的要求，将单手加压和骨骼等支撑点组合到一个支撑点，以增加运动问题，实现不同群体的训练
支撑面积	根据具体情况使支撑面积加大或者减小	根据对高级功能的要求，在家庭环境中，增加或减少支撑面积。如，将手支撑改为手指支撑；将脚趾支撑转向下肢支撑，以增加或减少运动问题
动作速度	放慢动作完成时间或者延长动作完成时间	可以使用原本完成时间的三分之一或三分之二来完成动作

3.3.3.2　进阶功能诉求的居家音乐健身心肺有氧动作设计

在大众家庭音乐健身运动中，除了上面提到的对运动质量的超前需求外，还包括心肺有氧功能的高级诉求，因此本节针对在家庭音乐训练人群中追求高级心肺有氧功能的受众提出以下健身建议。其主要包含开合跳、高抬腿、半蹲、箭步跳、钟摆跳。

（1）基础动作名称：开合跳

动作说明：第一个动作是站在地上，胸部收起，手臂放在身体两侧，双手放在腰部。双脚跳起来向外扩张，当双脚着地时，臀部向外旋转，保持膝盖方向正确，双手保持腰部状态，使双脚恢复到原来的运动状态。注意：动作不宜太慢，避免腰部松弛，落地时膝盖不宜向内张紧，也不要朝外，可以看膝盖和脚趾的比例。如果膝盖指向另一个拇指则方向正确，还要注意深蹲垫。基于居家环境和功能诉求改进作用方式，方便不同人群和不同体质人群在居家环境中更好地训练，见表 3-33 所列。

表 3-33　基于进阶功能诉求的开合跳动作设计

改变因素	改变方式	动作说明
改变参与动作肢体数量	加入上肢参与运动	双手交叉腰部的姿势可以改为扩胸，双手过头顶击掌。如，切换到扩胸姿势，跳跃时双脚开合，双手胸侧平放，双脚并拢，双手放在身体两侧，根据双脚开合跳跃的节奏，改变上肢动作，让动作更有节奏，也增加了四肢的运动
改变动作幅度	增加或减少双腿开合距离	开合跳主要是下肢的动作，此时跳跃时可以通过改变双脚之间的距离来增加或减少动作的难度。如，在双脚张开和闭合时增加距离以增加难度级别，减少双脚之间的距离，降低难度
改变支撑面积	减少支撑面积	所有足部支撑都转换为脚趾支撑。如，当脚向外跳跃时，从全脚着地支撑到脚趾落地支撑，减少了支撑面积，增加了动作难度并增加了训练量
改变支撑点	增加支撑点	双脚支撑转变为四肢支撑，从站立开近跳到俯卧位开合跳，增加了运动难度，从主要训练下肢到训练身体核心部位，还要训练上下肢，运动员根据自己的实际情况选择正确的动作

（续表）

改变因素	改变方式	动作说明
改变动作的速度	加快或减慢动作速度	可以根据自己的身体状况选择合适的动作速度。如，可以一拍一动降低动作的难度，也可以通过一拍两动增加动作的难度

（2）基础动作名称：高抬腿

动作说明：初始动作为站立于地面，挺胸收腹，双臂置于身体两侧，屈肘贴于腰间，一只脚抬起，臀部弯曲，大腿与地面平行，另一只手臂向上弯曲，并反复运动，左右交替。注意：始终保持腹部紧绷，在运动过程中身体可能会略微前倾。基于居家环境和功能诉求改进作用方式，方便不同人群和不同体质人群在居家环境中更好地训练，见表 3-34 所列。

表 3-34　基于进阶功能

改变因素	改变方式	动作说明
改变支撑点	增加支撑点	脚的两点支撑转化为手脚的四点支撑，腿部从站立位置抬高到抬腿的俯卧位，增加了运动难度；还可以对高俯卧撑进行四点支撑，以减少运动难度，并增加身体的稳定性
改变动作速度	加快或减慢动作速度	高抬腿可以根据锻炼的训练能力调整动作的速度，也可以根据训练时间的长短进行调整。如，动作的难度可以减少一拍一动，也可以增加一拍两动。但是，在降低运动速度时，注意保持身体的核心紧绷，不要放松腹部
改变动作幅度	增加或减小动作幅度	通过增加或减少运动的振幅来调整运动的难度。如，降低或增加大腿抬起的高度，可减小或增大动作的难度
改变支撑面积	减少支撑面	通过改变支撑区域来调整动作的难度。如，抬起一只脚时，从全脚着地支撑到脚趾着地支撑，减少支撑区域，增加运动难度和训练量
改变参与动作肢体数量	加入上肢参与运动	增加动作完成度参与肢体环节，增加上肢参与动作，增加动作难度。如，一条腿抬起的同时，双手在大腿下击掌，一条腿着地，另一条腿抬起时，手也在大腿下面击掌，增加动作的节奏、运动关节和运动强度

（3）基础动作名称：半蹲

动作说明：腿部有控制的屈曲和伸展。分开双腿和下蹲时，腿从左右略大于肩膀（或肩宽分开），脚趾略向外，膝盖弯曲时的关节角度不应小于 90°，膝关节与脚趾方向对齐，臀部向后下蹲 45°，上半身保持直立。注意：在运动过程中始终保持腹部紧绷。基于居家环境和功能诉求改进作用方式，方便不同人群和不同体质人群在居家环境中更好地训练，见表 3-35 所列。

表 3-35　基于进阶功能诉求的半蹲动作设计

改变因素	改变方式	动作说明
改变支撑点	减少支撑点	通过改变支撑点来改变动作的难度。如，将两只脚的两点支撑转换为单脚的单点支撑，减少支撑点，增加动作难度；也可用于增加支撑点，降低下蹲时难度
改变力矩	增加或减少两腿间距离	改变力矩，通过增加或减少腿之间的距离来改变动作的难度。如，增加两腿之间的距离，变成相扑深蹲以降低动作的难度；拉近两腿距离，双腿改半蹲，增加运动难度，不同人群根据训练能力选择
改变支撑面积	减少支撑面	通过改变支撑区域来调整动作的难度。如，当脚支撑深蹲时，从全脚落地支撑到脚趾着地支撑，减少支撑面积，增加运动难度和运动量，提高身体的控制能力和稳定性
改变支撑面稳定性	稳定支撑转变为不稳定支撑	家庭环境因人而异，从稳定的表面支撑到不稳定的表面支撑训练，可以在训练时给脚凳加一个枕头，改变支撑面的不稳定性，也可以练习床或沙发的动作，不稳定的支撑增加了运动的难度，同时提高身体控制核心的能力

（4）基础动作名称：箭步跳

动作说明：第一个动作是站在地上，挺胸收腹，双臂放在身体两侧，肘部向腰部弯曲，双脚向上跳跃，一只脚在弓步前方，上下腿夹角大于等于 90°。第二只脚保持笔直，切换到另一只脚，重复前面的动作，左右交替。注意：运动时，始终保持腹部紧绷，身体重心不宜上升或下降太多。基于居家环境和功能诉求改进作用方式，方便不同人群和不同体质人群在居家环境中更好地训练，见表 3-36 所列。

表 3-36　基于进阶功能诉求的箭步跳动作设计

改变因素	改变方式	动作说明 动作
改变支撑面积	减少支撑面	通过改变支撑区域来调整运动的难度。如，当脚跳跃并且脚成弓步状支撑时，它从全脚着地支撑转换为脚趾着地支撑，减少支撑面积，增加运动难度和运动量
改变参与动作肢体数量	加入上肢参与运动	增加动作完成度参与锻炼肢体环节，增加上肢参与动作和动作难度。如，用腿跳起来，双手举过头顶击掌，当换一条腿在前面时，同样头顶击掌，增加肢体运动，加强对身体的控制
改变力矩离	增加或减少两腿间距	改变力矩，通过增加或减少腿之间的距离来改变动作的难度。如，增加腿之间的距离，增加腿部的振幅和增加动作的难度；减少双腿之间的距离，降低运动难度，不同人群根据自己的运动能力进行选择
改变动作的速度	加快或减慢动作速度	动作的速度可以根据运动员的训练能力进行调整，也可以根据训练时间的长短进行调整。如，动作的难度可以减少一拍一动，动作的难度也可以增加到一拍两动。但是，在降低运动速度时，注意保持身体的核心紧绷，不要放松腹部

（5）基础动作名称：钟摆跳

动作说明：初始动作为站立于地面，挺胸收腹，双臂置于身体两侧，屈肘贴于腰间，一条腿支撑，另一条腿像钟摆来回摆动后，落地支撑，另一条腿摆出，返回着地支撑，左右重复循环。注意：运动时，始终保持腹部紧绷，身体重心不宜上升或下降太多。基于居家环境和功能诉求改进作用方式，方便不同人群和不同体质人群在居家环境中更好地训练，见表 3-37 所列。

表 3-37　基于进阶功能诉求的钟摆跳动作设计

改变因素	改变方式	动作说明
改变支撑点	增加支撑点	通过改变支撑点来改变动作的难度。如，从一只脚的一个点支撑到双脚的两个支撑点，下肢作为一个整体进行钟摆状的动作，增加支撑点，降低动作强度
改变参与动作肢体数量	加入上肢参与运动	增加完成动作参与肢体环节，增加上肢参与运动和运动难度。如，单腿摆动，双手举过头顶击掌，同时增加肢体运动，破坏身体的稳定性，加强对身体的控制能力。它还增加了四肢的协调性
改变支撑面积	减少支撑面	通过改变支撑区域来调整动作的难度。如，当一条腿的整个支撑在地面上时，它从全脚着地支撑转换为脚趾着地支撑，减少支撑区域，增加运动难度并增加训练量
改变动作的速度	加快或减慢动作速度	动作的速度可以根据运动员的训练能力进行调整，也可以根据训练时间的长短进行调整。如，动作的难度可以减少一拍一动，也可以增加一拍两动。但是，在降低运动速度时，注意保持身体的核心紧绷，不要放松腹部

3.3.3.3　进阶功能诉求的居家音乐健身柔韧性动作设计

本节主要针对居家音乐健身中对于进阶功能诉求里柔韧性基础动作的设计，主要包含猫伸展式、门闩式、骑士姿势。

（1）基础动作名称：猫伸展式

动作说明：双膝跪于瑜伽垫或其他垫子上（最好有一定的柔软度，防止骨骼损伤），臀部坐在脚跟上，伸直背部立即向后，抬起臀部，两手放在地上，形成四腿姿势，抬起头部，收缩背部肌肉，降低头部，拱起脊柱。依次重复。注意：手臂笔直，垂直于地面，全身处于放松状态。基于居家环境以及功能诉求，对该动作模式进行改良，便于处在居家环境中的不同人群、不同身体素质者能够更好地锻炼，见表 3-38 所列。

表 3-38　基于进阶功能诉求的猫伸展式动作设计

改变因素	改变方式	动作说明
改变支撑点	减少支撑点	从四点支撑转换为三点支撑，以减少支撑点，并增加动作难度。如，抬起一条腿，换成两只手和一只脚支撑。抬起的腿向后伸展，以更好地伸展脊柱转换成双手、单脚支撑，抬起的一侧腿向后方伸展，使脊柱得到更好的伸展
改变参与动作肢体数量	加入上肢参与运动	从手和膝盖支撑切换到膝盖支撑。跪在地上，交叉手指，从胸部慢慢抬起手臂，让手臂靠近耳朵，慢慢抬起臀部，抬起胸部，并降低腰部，抬起头部，看着手背，并尝试将手向上抬起，吸气时尽量扩大胸部，降低移动难度
改变身体姿势	跪姿转换成站姿	改变身体姿势，从跪着变成站着，直立，交叉手指，抬起头，向前弯曲，形成 90°

（2）基础动作名称：门闩式

动作说明：跪姿，膝盖向下，一条腿（如左腿）向外伸展，左腿保持臀部、膝盖和脚踝在一条直线上，脚背应尽可能笔直地靠近地面，右腿和脚趾接触地面（开始时可以使用脚跟接触地面以减少伸展范围），手伸入腰部，右臂向上伸直，慢慢转动腰部，转动头部看天花板，然后慢慢向一侧伸展。注意：身体不要内扣，也不要过于扭转，臀部位置不变，不要往后坐。基于居家环境以及功能诉求，对该动作模式进行改良，便于处在居家环境中的不同人群、不同身体素质者能够更好地锻炼，见表 3-39 所列。

表 3-39　基于进阶功能诉求的门闩式动作设计

改变因素	改变方式	动作说明
改变身体姿势	跪姿转换成站姿	将身体姿势和膝盖姿势改为站立姿势，站直身体，双手放在腰部，一只手（如右手）伸直手臂向上，慢慢带动身体向左侧弯曲。通过改变姿势，降低动作难度，同时也能达到一定的柔韧性训练
改变支撑点	增加支撑点	从两点支撑改为三点支撑，以增加支撑点并降低移动难度。如，插入一侧的手臂可以放在伸展的腿上或旁边的桌子上，以提供支撑，增加身体的稳定性

（续表）

改变因素	改变方式	动作说明
改变支撑面积	增大支撑面	通过改变支撑区域来改变动作的难度。如，膝盖变成臀部支撑，双腿伸展在地面上，一只手叉腰，另一只手伸直手臂，推动身体侧向弯曲，降低运动难度，同时也增加训练量

（3）基础动作名称：骑士姿势

动作说明：单腿跪撑于瑜伽垫上，大腿与小腿保持 90°夹角，另一侧大腿的脚掌支撑于地面，大腿与小腿也保持 90°夹角，一手扶腰，另一侧手可以放在前侧大腿膝关节处，上身保持直立，挺胸，核心收紧，不要塌腰。向前移动身体重心，拉伸大腿前侧肌群。注意：前移但不要挪动固定点，拉伸时上身必须与地面保持垂直。基于居家环境以及功能诉求，对该动作模式进行改良，便于处在居家环境中的不同人群、不同身体素质者能够更好地锻炼，见表 3-40 所列。

表 3-40　基于进阶功能诉求的骑士姿势动作设计

改变因素	改变方式	动作说明
改变支撑点	增加支撑点	从两点支撑改为四点支撑，以增加支撑点并降低运动难度。如，双手可以支撑固定物体，以增加身体的稳定性，并确保在进行运动时身体的平衡
改变身体姿势	跪姿转换成侧卧位	改变身体姿势，将跪姿转换为侧卧姿势，并排躺在瑜伽垫上，向上伸展靠近瑜伽垫的手臂，另一只手臂抓住同一侧的大腿，将其折叠成锐角。通过改变身体姿势，降低动作难度，使动作更容易
改变支撑面的稳定性	稳定支撑转变为不稳定支撑	从稳定表面到不稳定表面的训练可以通过在膝盖支撑上或在床上或沙发上添加枕头来进行，不稳定的支撑增加了运动的难度，同时改善了身体
改变力矩	增加支撑的高度	可以通过改变扭矩和提高腿部拉伸角度来增加拉伸范围。如，将凳子放在身体后面，将腿部拉伸脚放在凳子上，然后蹲下身体

（续表）

改变因素	改变方式	动作说明
加入动态动作	将静态转换为动态	加入动态动作，如在原地的骑士姿势转换成动态的骑士姿势，依次交替进行，拉伸大腿的同时增加身体的控制能力

3.3.3.4　基于进阶功能诉求的居家健身平衡性动作设计

本节主要针对居家音乐健身中对于进阶功能诉求里柔韧性基础动作的设计，主要包含单腿站立、弓箭步。

（1）基础动作名称：单腿站立

动作说明：保持身体直立，抬头挺胸收腹，双手扶髋，双脚扎根于地面，脊柱向上直立。慢慢将右脚抬起，固定在自己左边的骨盆，同时左脚向下压实地面。支撑 10～20s 后，交换另一侧腿。该动作需要注意的是：在一侧腿抬离地面前，通过收紧核心来保持身体的稳定性。在居家环境中要满足平衡性锻炼诉求，可以对该动作进行适当的改变以满足锻炼者在处于不同居家环境中的不同人群能够更好地锻炼，见表 3-41 所列。

表 3-41　基于进阶功能诉求的单腿站立动作设计

改变因素	改变方式	动作说明
改变参与动作肢体数量	加入上肢	在整个动作中可以加入上肢的运动从而提高动作难度，可以在单腿抬起的同时，双手打直举过头顶，交替进行脚步动作的同时手也可以根据自己动作的节奏感进行重复，加入肢体动作对身体稳定性提出了更高的要求，可以有效提高对身体的控制能力以及平衡性
改变支撑面的稳定性	将稳定支撑调整为不稳定支撑	可以加入不稳定因素，像锻炼者可以在脚下垫上被子或枕头，增加身体保持平衡的难度，这时就对锻炼者的核心能力提出了更高的要求，同时也需要其更加专注于动作
改变动作幅度	增加动作幅度	增大动作幅度，在单腿站立的基础上，两手侧平举打开，同时增加腿部活动范围。如，左腿向左方向展开，在提升动作难度的同时也更好地锻炼了身体平衡能力

（续表）

改变因素	改变方式	动作说明
加入动态动作	将静态转变为动态平衡	将静态动作转换为动态时，增加动作难度，提高对平衡能力的锻炼，也对锻炼者素质提出了更高的要求。在单腿站立的基础上，非支撑腿向右侧抬起，再回到中心位，向前、后方伸出腿再回到中心位，支撑腿保持稳定。该动作可以按照顺时针进行（也可以逆时针，具体可根据自己的适应方向），依次循环往复
改变支撑面积	缩小支撑面积	缩小支撑面积，在单腿站立基础上，将全脚掌支撑转换为只用脚尖支撑，在提升动作难度的同时也更好地锻炼了身体平衡能力
改变支撑点	增加支撑点	改变支撑点，在单腿站立基础上，另一侧腿可以脚尖或者脚跟着地。在脚跟着地时需要借助手来扶住某些东西作为支撑点，如果锻炼者的平衡能力还比较弱的时候，建议锻炼者循序渐进练习，在提升动作难度的同时也更好地锻炼了身体平衡能力

（2）基础动作名称：弓箭步

动作说明：弓箭步是一种很好的功能性锻炼，可以用于加强双腿特别是膝关节周围的肌肉。保持双脚脚尖朝正前方，先迈出一条腿在正前面保持一个舒适距离，这样可以较好地保持平衡，然后降低自己的身体，尽可能直接向下而非向前移动，前腿膝盖不能超过脚尖前腿膝关节对准脚尖，整个过程中人的上半身保持直立，眼睛平视前方。注意：动作时，腰部不可产生扭转，因为在扭转的过程中会使腰椎的压力加大。基于居家环境以及功能诉求，对该动作模式进行改良。在居家环境中，可以对该动作进行适当的改变以满足锻炼者在处于不同居家环境中的不同人群能够更好地锻炼，见表 3-42 所列。

表 3-42　基于进阶功能诉求的弓箭步动作设计

改变因素	改变方式	动作说明
改变支撑面积	缩小支撑面	缩小支撑面积，如在前后腿站立时，双腿全脚掌支撑转换为前后腿都用脚尖来进行支撑，锻炼身体的控制能力，在提升动作难度的同时也更好的锻炼了身体平衡能力

（续表）

改变因素	改变方式	动作说明
改变支撑点	减少支撑点	改变支撑点，双腿支撑变成单腿支撑，在弓箭步姿势的基础上抬起后侧腿转换为单腿屈膝站立，身体前倾至与地面平行，抬起的一侧腿与身体呈一条直线，锻炼身体的控制能力，在提升动作难度的同时也更好地锻炼了身体平衡能力
改变参与动作肢体数量	加入上肢参与运动	在整个动作中可以加入上肢的运动从而提高动作难度，如双手侧平举展开，两侧手臂像跷跷板一样左右倾斜，手臂进行有节奏的重复动作，加入肢体动作对身体稳定性提出了更高的要求，可以有效提高对身体的控制能力以及平衡性
改变支撑面的稳定性	稳定支撑转换为不稳定支撑	可以加入不稳定因素，像锻炼者可以在脚下垫上被子或枕头，增加身体保持平衡的难度，这时就对锻炼者的核心能力提出了更高的要求，同时也需要其更加专注于动作
加入动态动作	静态转变为动态平衡	将静态动作变为连续动态过程，可以将单个完成的弓箭步转换成弓箭步的行走，并且尽可能地利用身体的平衡性以及协调性走出直线（其中地板缝隙可以作为我们的参照物），左右腿交替进行，在提升动作难度的同时也更好地锻炼了身体平衡能力

3.3.4 叠加性动作设计

在大众居家音乐健身运动中，参与者所进行运动的场地为居家环境，空间有限，且缺乏相关健身器械，这使得在健身过程中运动负荷的叠加难度增大，而叠加运动负荷对于取得良好的运动效果有十分重要的作用。因此，在设计居家音乐健身动作时，为满足叠加功能诉求，本书从替代物入手，通过辅助工具的引入来实现居家音乐健身中叠加功能。如，负重推举、负重阿诺德推举、一字箭步蹲举、V 字负重蹲举、直腿硬拉、负重臀桥、俄罗斯转体，见表 3-43 所列。

表 3-43　基于叠加功能诉求的具体动作设计

名称	动作说明
负重推举	自然站起来，挺胸，收紧腹部，将拳头的中心向前，将重心放在与肩膀前部和顶部平行的位置。打开肘部用力，将重物向上推，直到肘部伸直，然后根据最初的运动路径将重物缓慢地放在肩部的前部和顶部。这个举重动作锻炼了前三角肌的肌肉尺寸。注意：肩膀下沉，不要锁死肩膀，这样会影响三角肌的收缩，训练的幅度也会受限，肩膀下沉之后，负重物随着肩膀再慢慢地向下放
负重阿诺德推举	自然站立，挺胸收紧腹部，拳心向内，负重物平行放在肩部前方，打开手肘发力，将负重物向上推起，同时手臂内旋至拳心向外，手臂打直，缓慢将负重物按原动作轨迹下落至肩前方。主要锻炼肩部肌肉。注意：运动中要做到有节奏地控制。推举到最上方时，保持肘关节微屈，当肩部肌肉始终处于受力的状态。收紧腹部，保持躯干的稳定，脊柱处于自然生理弯曲，对于肩关节活动度不足或者损伤的人群，建议不要采用此动作
一字箭步负重蹲举	双手将重量放在身体两侧，左脚向前迈一步，走一段距离，确保前腿的膝关节不超过侧面的脚跟。深蹲时后腿可以垂直于地面，后脚趾与前方平行，不影响髋关节运动，保持大小腿 90°
V 字负重蹲举	双手将重物放在肩膀上，双脚向外张开，脚跟朝向臀部；膝关节不应超过脚趾，躯干应保持正常的生理弯曲。髋关节可以稍微前倾；在缓慢下降的过程中，臀部肌肉被拉向内侧，大腿肌肉被用来保护膝关节，防止膝关节晃动
直腿硬拉	双脚平行张开，膝盖微微弯曲，躯干保持正常生理弯曲，双手握住膝关节的负荷，腹部用力，负荷向上拉，使上身直立。在运动过程中，如果脊柱无法保持，身体的最小范围是保持脊柱的正常生理弯曲，固定肩关节，防止旋转，发挥稳定的支撑作用，保持腹肌的收紧，整个动作过程中，用力时吐气，放松时吸气
负重臀桥	躺在地上，将重物放在腹部，膝盖和髋关节轻微弯曲，踩在地面上（脚站高，脚跟在地面上），膝关节角度不应大于 90°，臀部向下时，保持跟地面的一定距离进行下一次练习。注意：在臀部向上顶起的过程中，主要依靠核心力量撑起身体，不能借助手臂力量或肩部力量
俄罗斯转体	手握重物坐在瑜伽垫上，弯曲膝盖，将双脚抬离地面，旋转躯干以移动手臂和重量，避免剧烈运动。训练核心肌群，加强腹部肌肉和下背部。转弯时，保持躯干稳定并控制身体姿势

前文详细描述了针对不同锻炼目的而可供选择的动作及说明，现对大众参与居家音乐健身给出健身方案，见表 3-44 和表 3-53 所列。

表 3-44　大众居家音乐健身运动方案（第一周）

<table>
<tr><th>锻炼内容</th><th>周一</th><th>周二</th><th>周三</th><th>周四</th><th>周五</th><th>周六</th><th>周天</th></tr>
<tr><td>有氧运动</td><td rowspan="3">无训练任务</td><td>大众居家音乐健身有氧操基础版，锻炼时使心率控制在 100 次 / 分钟以下</td><td rowspan="3">无训练任务</td><td></td><td rowspan="3">无训练任务</td><td>大众居家音乐健身有氧操基础版，锻炼时使心率控制在 100 次 / 分钟以下</td><td rowspan="3">无训练任务</td></tr>
<tr><td>力量素质锻炼</td><td></td><td>大众居家音乐健身力量素质训练基础版，锻炼时使心率控制在 120 次 /分钟</td><td></td></tr>
<tr><td>柔韧素质锻炼</td><td>大众居家音乐健身柔韧素质训练动作基础版</td><td>大众居家音乐健身柔韧素质训练动作基础版</td><td>大众居家音乐健身柔韧素质训练动作基础版</td></tr>
<tr><td>平衡素质锻炼</td><td>大众居家音乐健身平衡素质训练动作基础版</td><td></td><td>大众居家音乐健身平衡素质训练动作基础版</td><td></td><td>大众居家音乐健身平衡素质训练动作基础版</td><td></td><td>大众居家音乐健身平衡素质训练动作基础版</td></tr>
<tr><td>说明</td><td colspan="7">对追求专门功能的健身人群而言，本套居家音乐健身运动方案适用于初期，主要目的在于培养运动习惯，为后面长期坚持居家音乐健身做好准备，初步感受运动带来的愉悦，释放生活中各方面带来的压力。
对于平衡功能的要求而言，除了锻炼中对平衡功能的需求外，还应体现在课程内容中，如每周锻炼内容，包括不同运动素质的训练；每周锻炼 3 次以上，每次 20～30 分钟有氧运动，每周一次力量锻炼，3～5 分钟拉伸练习</td></tr>
</table>

（续表）

锻炼内容	周一	周二	周三	周四	周五	周六	周天
注意事项	在新冠疫情常态化形势下，需考虑运动的心理健康因素，应在计划中加入音乐元素，并根据不同的训练内容选择合适的音乐，以缓解心理压力，从而获得更好的训练效果						

表 3-45　大众居家音乐健身运动方案（第二周）

<table>
<tr><th>锻炼内容</th><th>周一</th><th>周二</th><th>周三</th><th>周四</th><th>周五</th><th>周六</th><th>周天</th></tr>
<tr><td>有氧运动</td><td>大众居家音乐健身有氧操进阶版，锻炼时使心率控制在110～120次/分钟</td><td rowspan="3">无训练任务</td><td>无训练任务</td><td rowspan="3">无训练任务</td><td>大众居家音乐健身有氧操进阶版，锻炼时使心率控制在110～120次/分钟</td><td rowspan="3">无训练任务</td><td>无训练任务</td></tr>
<tr><td>力量素质锻炼</td><td>无训练任务</td><td>大众居家音乐健身力量素质训练进阶版，锻炼时使心率控制在130次/分钟</td><td>无训练任务</td><td>大众居家音乐健身力量素质训练进阶版，锻炼时使心率控制在130次/分钟</td></tr>
<tr><td>柔韧素质锻炼</td><td>大众居家音乐健身柔韧素质训练基础版</td><td>大众居家音乐健身柔韧素质训练基础版</td><td>大众居家音乐健身柔韧素质训练基础版</td><td>大众居家音乐健身柔韧素质训练基础版</td></tr>
<tr><td>平衡素质锻炼</td><td>无训练任务</td><td>大众居家音乐健身平衡素质训练动作基础版</td><td>无训练任务</td><td>大众居家音乐健身平衡素质训练动作基础版</td><td>无训练任务</td><td>大众居家音乐健身平衡素质训练动作基础版</td><td>无训练任务</td></tr>
</table>

（续表）

锻炼内容	周一	周二	周三	周四	周五	周六	周天
说明	根据平衡功能要求，每周锻炼内容应包括四项身体素质，每项素质至少应包括整个身体部位，以便锻炼的内容和效果能够满足平衡功能的要求。根据特殊职能的要求，具体培训内容可根据各自的兴趣进行选择。如，中老年人可以用太极拳或气功代替，也可以根据家中的条件选择广场舞；上班族可选择瑜伽缓解肩颈腰背的疲劳，也可选择跳绳、跑步机慢跑进行全身锻炼等。每周锻炼 4 次以上，每次 30～40 分钟有氧运动，每周 1～2 次力量锻炼，5～10 分钟牵引。根据平衡内容决定平衡训练						
注意事项	在新冠疫情常态化防控之下，需考虑运动的心理健康因素，应在计划中加入音乐元素，并根据不同的训练内容选择合适的音乐，以缓解音乐氛围中的心理压力，从而获得更好的训练效果						

表 3-46　大众居家音乐健身操基础版

动作节奏	步伐	手上动作	注意点
第一个八拍	四拍原地踏步	四拍手臂自然摆动	开始脚在左脚
	四拍屈腿蹲	四拍掐腰	步伐矫健清楚
第二个八拍	四拍侧并步	四拍屈肘拍掌	手上动作迅速有力
	四拍原地跳步	四拍小臂胸前交叉	
第三个八拍	四次分腿蹲，一拍一动	双手肩部上方挥动八拍	与音乐节奏点契合
	四拍后踢腿	双手自然摆动八拍	
第四个八拍	原地踏步四拍	双手掐腰四拍	
	双腿蹲四拍	八拍屈肘拍掌	开始脚在右脚
第五个八拍	八拍侧并步	八拍小臂胸前交叉	步伐矫健清楚
第六个八拍	八拍原地跳步	小臂左右向上冲拳各四次	手上动作迅速有力
第七个八拍	四次分腿蹲，一拍一动	双手于肩部上方挥动八拍	
第八个八拍	八拍后踢腿	双手于肩部上方挥动八拍	与音乐节奏点契合

表 3-47　健身操进阶版（第一版）

动作节奏	步伐	手上动作	注意点
第一个八拍	四拍一字步	四拍双手自然摆动	开始脚在左脚
	四拍 V 字步	四拍双手上举并拍掌	腰腹部收紧发力
第二个八拍	八拍后踢腿	双手于肩部上方挥动八拍	动作清晰有力
	八拍后交叉步	双手屈肘并摆动八拍	投入饱满情绪，面带笑容跟着音乐
第三个八拍	四拍漫步	四拍双臂前后摆动	与音乐节奏点契合
	四拍分腿蹲	四拍向左上方弯曲小臂	开始脚在右脚
第四个八拍	四拍一字步	自然摆动四拍	腰腹部收紧发力
	四拍 V 字步	四拍双手上举并拍掌	动作清晰有力
第五个八拍	八拍后踢腿	双手于肩部上方挥动八拍	投入饱满情绪，面带笑容跟着音乐
第六个八拍	八拍后交叉步	双手屈肘并摆动八拍	
第七个八拍	四拍漫步	四拍双臂前后摆动	
第八个八拍	四拍分腿蹲	四拍向右上方弯曲小臂	与音乐节奏点契合

表 3-48　大众居家音乐健身操进阶版（第二版）

动作节奏	步伐	手上动作	注意点
第一个八拍	四拍原地		
	四拍恰恰步	四拍双手于肩上方挥动	开始脚在左脚
第二个八拍	四拍漫步	四拍双手前后挥动	身体躯干笔直
	四拍后踢腿	四拍直左臂弯曲右臂	脚下动作清晰有力
第三个八拍	八拍开合跳	四拍双手绕环头顶	手上动作快速到位
	四拍上步吸腿	八拍右手弯曲向上左手向下伸直	与音乐节奏点契合
第四个八拍	四拍小马跳	四拍双手前屈并屈肘	
	四拍后踢腿	小臂胸前交叉×4	
第五个八拍	四拍原地		
	四拍恰恰步	四拍双手于肩上方挥动	开始脚在左脚

（续表）

动作节奏	步伐	手上动作	注意点
第六个八拍	四拍漫步	四拍双手前后挥动	身体躯干笔直
	四拍后踢腿	四拍直左臂弯曲右臂	脚下动作清晰有力
第七个八拍	八拍开合跳	四拍双手绕环头顶	手上动作快速到位
	四拍上步吸腿	八拍右手弯曲向上，左手向下伸直	与音乐节奏点契合
第八个八拍	四拍小马跳	四拍双手前屈并屈肘	
	四拍后踢腿	小臂胸前交叉×4	

表 3-49　大众居家音乐健身力量素质训练进阶版

训练项目名称	运动强度（训练组数以及重复次数）
负重推举	每组 15～20 个，每天 2～3 组
俯卧撑	每组 15～20 个，每天 2～3 组
V 字负重蹲举	每组 12～15 个，每天 2～3 组
一字剪步蹲举	每组 8～12 个，每天 2～3 组
负重俄罗斯转体	每组 12～15 个，每天 2～3 组
臀桥	每组 15～20 个，每天 2～3 组
负重平板支撑	60～90 秒 / 次，每天 3～4 组

表 3-50　大众居家音乐健身中柔韧素质训练基础版

练习部位	运动项目名称	每次保持时间
颈部	颈部侧屈	每次持续 30 秒左右
	后臂伸展（双手抱头）	每次持续 30 秒左右
	固定点处拉伸	每次持续 30 秒左右
躯干	坐式手臂前伸	每次持续 30 秒左右
	举手过头后弯	每次持续 30 秒左右
	举手过头（扭转）	每次持续 30 秒左右
下肢	站立抬腿	每次持续 30 秒左右
	台阶背屈	每次持续 30 秒左右

表 3-51　大众居家音乐健身中柔韧素质训练进阶版

练习部位	运动项目名称	每次保持时间
颈部	颈部侧屈	每次持续 30 秒左右
	站立式体前屈	每次持续 30 秒左右
躯干	猫伸展式	每次持续 30 秒左右
	门闩式	每次持续 30 秒左右
	坐式手臂前伸	每次持续 30 秒左右
下肢	骑士姿势后扶脚	每次持续 30 秒左右
	坐式 V 形拉伸	每次持续 30 秒左右
	台阶背屈	每次持续 30 秒左右

表 3-52　大众居家音乐健身中平衡素质训练基础版

运动项目名称	每次保持时间
单腿平衡	每次持续 30 秒左右
沿着客厅地面的瓷砖 / 木地板缝走	每次持续 30 秒左右
双腿提踵	每次持续 30 秒左右
单腿脚尖平衡	每次持续 30 秒左右

表 3-53　大众居家音乐健身中平衡素质训练进阶版

运动项目名称	每次保持时间
双手左右摇摆式弓箭步	每次持续 30 秒左右
沿着客厅地面的瓷砖 / 木地板缝倒退走	每次持续 30 秒左右
燕式平衡	每次持续 30 秒左右
闭眼单腿平衡	每次持续 30 秒左右

4 大众居家音乐健身的人、机、环因素选择

4.1 生理与心理分析

通过对大量文献资料以及科学研究的整理总结，分析男、女性的生理和心理特征，提出具有个体（即“人”）差异性的居家音乐健身训练器械（即“机”）、锻炼环境（即“环”）的相关设计倾向以及特殊需求。

4.1.1 生理特征

4.1.1.1 形体特征

男性与女性天生就在生理上存在很大的差异，其外在表现为女性体型相对娇小柔弱，而男性高大威猛。男性的骨骼和肌肉较发达，整体粗犷、有力度，肩宽于髂，上半身呈倒三角形；而女性则相反，髂宽于肩，上半身呈正三角。女性全身骨骼较男性轻 20%，胸部和臀部脂肪丰满，整体呈现女性的曲线美感。

4.1.1.2 动作技能特征

研究表明，女性的肢体协调能力和准确度高于男性。在运动能力方面，如有氧能力、无氧能力、力量、速度、柔韧性等也存在明显的性别差异。女性的肌肉重量仅占体重的 21%～35%，是男性肌肉重量的 80%～89%，因此肌肉力量明显弱于男性。女性运输氧的能力较男性差，胸廓较小，呼吸肌力量较弱，呼吸功能也低于男性，从而制约女性抗阻训练过程中机体氧的供应能力。女性的骨骼重量占体重的 21%～35%。骨组织中水分和有机物的含量较多，无机盐含量却较少，加上骨密质的厚度较薄，关节囊和韧带较松，因此骨骼的抗弯及抗压能力均低于男性，也不能承受过重的负荷，但弹性和韧性优于男性。这一特征将会体现在女性抗阻训练运动中关节的活动范围。

基于以上理论，在设计居家音乐健身动作时要符合男、女性的生理特点，重视性别差异影响下的训练器械选择问题，以保证在居家音乐健身运动中的安全性。

4.1.2 心理特征

心理特征属于心理学的范畴，受社会文化和价值观念的极大影响，在两性差异中表现得较为明显，因此，在居家音乐健身动作的设计上应注意以下两点。

（1）色彩。男性和女性对于不同色彩有不同的感知和偏爱，年轻女性一般更喜欢具有青春活泼气息的色彩，如绿色、粉色、黄色等，这几种色给人感觉青春、阳光、温馨、有活力，能够满足年轻女性的审美需要；年龄稍长的成熟女性更青睐具有稳重、优雅气质的色彩，如紫色、蓝色、黑色等，这类颜色能够把成熟女性的稳重、典雅的气质淋漓尽致地发挥出来。男性普遍喜欢黑、白、灰为主调的简约暗色系，给人以沉稳冷静的感受。因此，在进行居家音乐健身设计时应该结合不同性别参与者对于居家音乐健身器材颜色的倾向进行设计，满足消费者对产品的色彩需求。

（2）消费行为。女性消费者在选择产品时除了重视外观外，还比较重视产品的功能性与便利性，在居家音乐健身器材的设计中，不仅要满足女性在多种功能上的需求，还要让她们能直观地了解产品，尽量简单地完成各种操作，这些女性特征的研究有助于了解女性消费者的相关需求和消费风向，为设计实践提供前提条件。上述消费行为的调查对于男性同样适用。

4.2 人与机的匹配

4.2.1 静态人机尺寸

本节以女性抗阻训练为例，说明静态人机尺寸在居家音乐健身中的体现。人体静态尺寸数据在抗阻训练器（即“机”）选择中的应用是一个非常重要的问题，它关系产品的适用性，使用的安全性、舒适性，锻炼的方便性、易学性和结构的宜人性（如图 4-1 所示）。可参照 GB10000-1988《中国成年人人体尺寸》以及 GB / T13547-1992《工作空间人体尺寸》。

在执行抗阻训练动作时，人体核心收紧，骨骼是主要支撑因素，决定压力分布，肌肉是次要支撑因素，决定与座椅的接触面。当人体仰卧时，主要支撑骨分别为头部的枕骨、背部的肩胛骨以及臀部的骶骨、髂骨；主要支撑肌肉为枕额肌、中下斜方肌、冈下肌以及臀大肌上部。

从仰卧到坐姿的过程中，头部与背部压力逐渐减小，臀部压力逐渐增大，主要支撑骨由骶骨、髂骨逐渐转移为坐骨，主要支撑肌肉由臀大肌上部逐渐转移为臀大肌下部。根据主要支撑骨骼和肌肉形态绘制出人体仰卧及坐姿的压力分析图（如图 4-2 所示），为训练座椅的形态设计提供了依据。

图 4-1　抗阻训练座椅

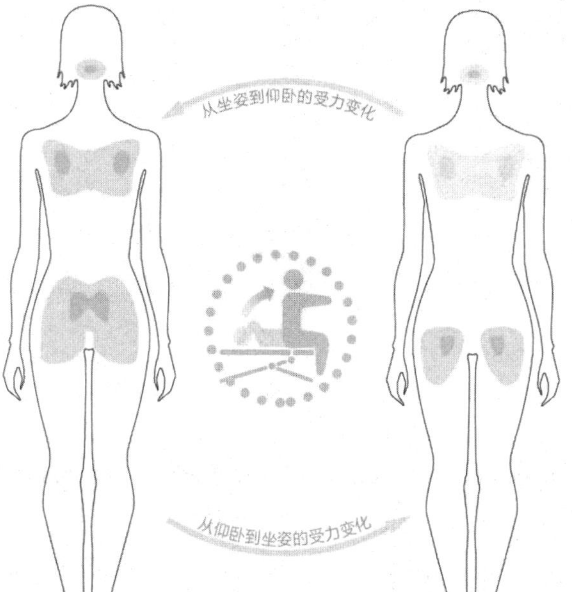

图 4-2　人体站姿与坐姿压力分析

根据以上女性在训练过程中对训练座椅的受力分析，结合国标 BG3975-83 中人体测量参数身高（有 95%的人身高小于等于该尺寸），可以基本确定训练座椅的高度应接近 90 厘米；与背部接触部位的宽度应接近 30 厘米；与臀部接触部位的宽度应接近 40 厘米。同时应兼顾考虑座椅材质的舒适性以及透气性等。以上关于座椅形态的分析将在后续的设计过程中采用模型实验的方法加以验证。

在抗阻训练过程中，人体主要以双手连接阻力，因此把手的舒适度是否合理是抗阻训练中的关键一环。一方面，所有重量都必须通过手部传导到身体的相关部位肌肉，感受重量压迫和发力；另一方面，动作的主动发力也必须经过手部有效做功。国标 GB10000-1988《中国成年人人体尺寸》中给出了女性人体手部尺寸及部位。

在以上数据的基础上，结合抗阴训练器材，如上文训练座椅等，进行女性手部人数据的测绘和抓握时的压力分析以推导出最合理、舒适的把手形态，如图 4-3 所示。

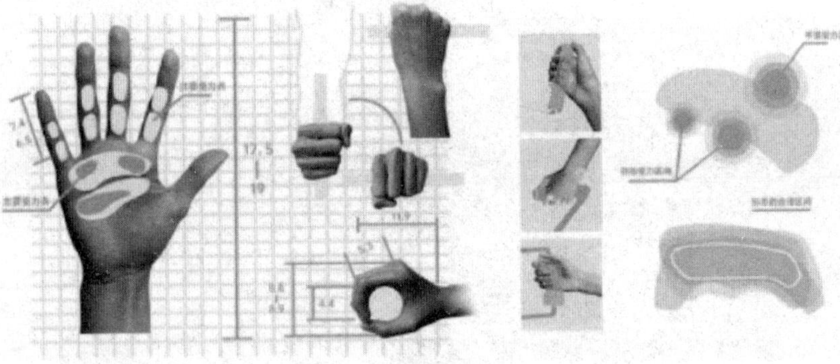

图 4-3　女性手部测绘及压力分析

居家锻炼过程中，练习者依据以上测绘，并结合国标 GB10000-1988《中国成年人人体尺寸》中成年女性手部尺寸（有 95%的人身高小于和等于该尺寸），可大致确定训练握把的长度应大于 82 厘米；直径应接近 4.4 厘米；同时还要确保手部有足够的活动空间。

4.2.2　动态人机尺寸

在使用抗阻座椅训练动作时，人体应处于核心收紧的状态以确保稳定性和目标肌肉的发力感，不同于平时坐姿的放松状态，因此对训练座椅的尺寸和舒适性有特殊的要求。为此，针对抗阻训练时腿部的舒适范围进行实验与测绘。

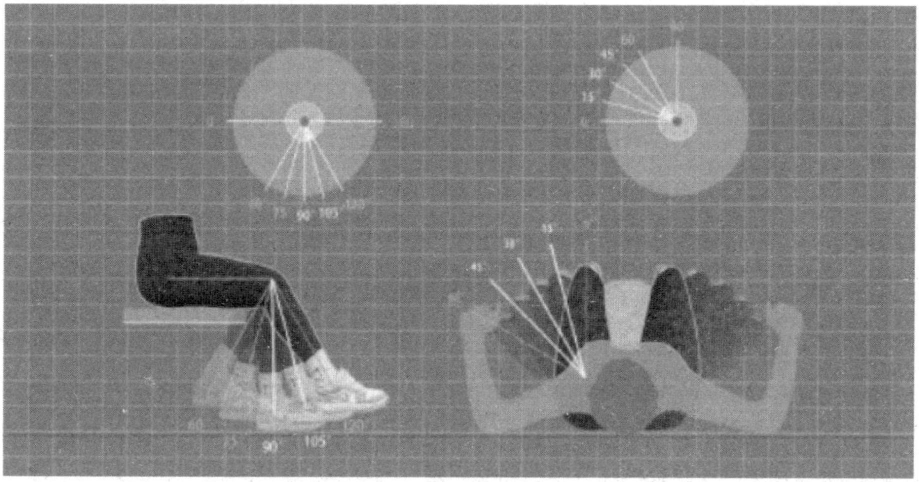

图 4-4　腿部舒适范围测绘

根据测绘分析可得图4-4所示，在人体核心收紧的状态下，角度在90°～105°之间、髋关节外展角度在15°～45°之间可以使小腿与脚的摆放位置更加舒适，提供更好的稳定性，使目标肌肉的发力感更强。以上结果为方案中训练座椅部分的尺寸设计提供了参考。

影响椅背角度的训练动作分别是推肩和推胸，其中三角肌的主要功能是肩关节外展，胸大肌中部的主要功能是肩关节水平外展，从抗阻训练原理的角度来说，动作方向与阻力方向相反才能对肌肉起到更好的训练效果。当阻力竖直向下时，人体要处于直立状态才能使肩关节的外展动作竖直向上，因此推肩时椅背的角度应为 90°；而人体处于仰卧状态才能使肩关节的水平外展动作竖直向上，因此在做胸大肌中部的抗阻训练时椅背的角度应为 0°。综上所述，椅背可调节角度应满足 0°～90°。

除此之外，胸大肌上部由于其在具有肩关节水平内收功能的同时还具有肩关节屈曲的功能，因此训练胸大肌上部时人体仰卧的最佳角度以及在该角度区间坐垫的舒适角度需要进一步的实验验证，如图 4-5 所示。

根据测量结果显示，当人体角度为 30°～45°时，胸大肌上部的发力感最为明显，低于 30°则有胸大肌中部的参与，高于 45°则有三角肌前部的参与。在该角度区间，坐垫的角度为 15°时人体最为舒适，核心也最为稳定。

此外，人在各种工作时都需要有足够的活动空间。进行抗阻力训练的活动空间设计与女性人体的动态尺寸密切相关，根据人体测量基础数据，分析运动姿势活动空间设计的人体尺度以供设计参考。

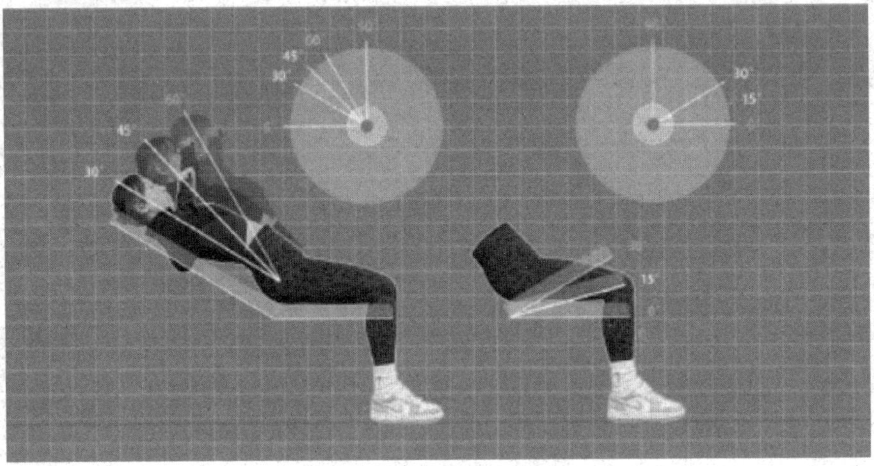

图 4-5　训练胸大肌上部时人体仰卧角度测绘

本书选取影响活动最大范围区间的训练动作，按照站姿、坐姿以及仰卧三种姿态分类，采用国标中成年女性人体尺寸数据分别绘制人体活动范围区间，作为该产品活动空间设计的依据，并构建阻力方向（如图 4-6～图 4-8 所示）。

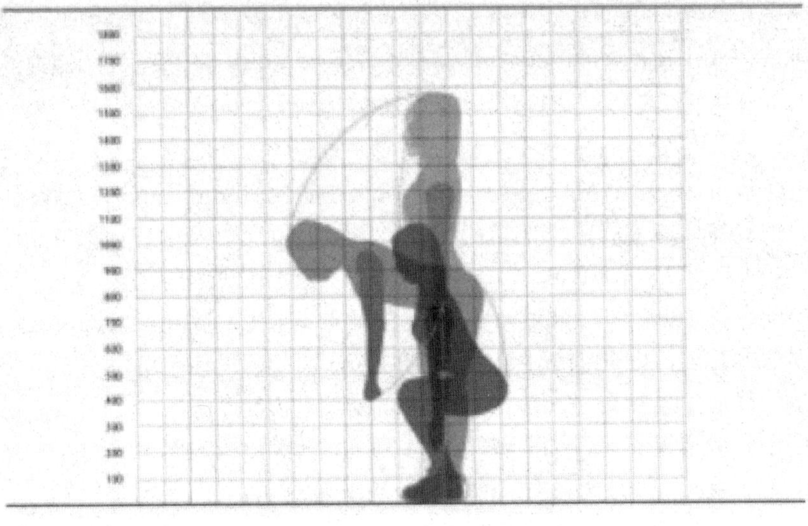

图 4-6　站姿活动范围与阻力方向

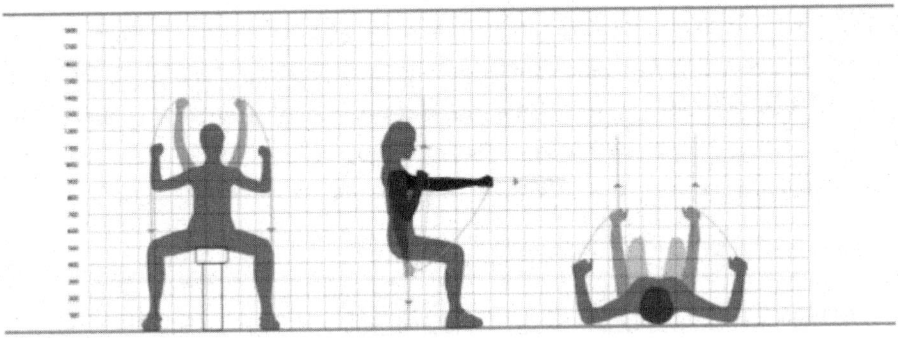

图 4-7　坐姿活动范围与阻力方向

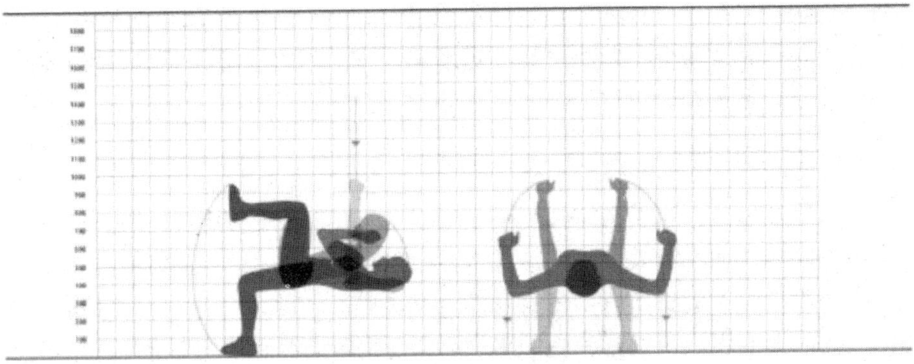

图 4-8　仰卧活动范围与阻力方向

4.3　居家音乐健身环境分析

4.3.1　家庭环境的限制性

本书有针对性地选取 3 名居住在不同户型大小的调查者，研究其一天的活动轨迹。

调查发现，卧室、客厅、阳台是频繁活动的区域，这些位置宽敞明亮，视线好、阳光充足，能使其心情愉快，并且这三个区域同样也是大众进行居家音乐健身首选的三个地点，空间大、活动面积广。但是通过实际的访谈调研，笔者也发现，在家庭环境下，大众进行居家音乐健身存在很多的限制性。

在受访对象中，运动场地空间问题是影响大众进行居家音乐健身的主要因素之一。对于居住在大户型的人来说，活动空间较大，多在客厅或阳台进行居家音乐健身，他们有自己充足的居家音乐健身空间，使用居家音乐健身器材时也不必担心打扰他人，因此对于相关健身器材体积等要求不是特别严格。但对于居住在中小户型的人来说，他们的卧室空间、阳台空间、客厅空间都会较小，有些小户型的客厅和阳台十分狭窄，如果器材所占的面积过大会使居住空间更加局促，这部分人群对于健身器体积的要求比较高，更期望居家音乐健身器材能够占用较小的空间，甚至无须器材，进行徒手操舞类健身运动。

4.3.2 家庭环境的导向性

独特的家庭居家音乐健身环境不仅对相关活动展开具有限制性，同时还具有导向性，一方面，能够引导与发散居家音乐健身器材的设计思维，使其整体风格特点和功能区别于传统的锻炼器材；另一方面，还能使居家音乐健身教练员等在指导居家音乐健身时更贴切、更准确，瞄准居家环境、锻炼方式和动作选择更居家、更便利。

4.3.2.1 居家音乐健身器材的多功能性与家具化

在家庭环境下，相关训练器材不仅要满足于基本的运动需求，还应当具备其他附加功能，如在相关器械的设计中，融入夜灯、钟表、音响等智能化交互性功能，不拘泥于健身器材的健身功能，适当融入辅助办公、学习等功能。在非运动使用期间也可以发挥其他的作用，避免居家音乐健身器械的闲置。随着物质生活的提高，大众越来越注重家庭的装饰和装修。但很多居家锻炼器械的外观造型比较庞大，且颜色以冷金属性居多，对于一些温馨、活泼等风格的家庭装修可能格格不入。因此，居家音乐健身器械的外观设计融入家庭环境中也是产品在设计时需要考虑的重要环节。在室内环境中，不仅要保证器械产品的安全性、功能性，还要保证其在外观造型上能与绝大多数家庭的装修风格统一。因此，在外观设计上应当更加精致和规范。在器材材料选择上，与传统健身器材使用的钢材和铝材相比，更应选择具有温润肤感的材料，可以适当进行结合。另外在器材的颜色上，要选择多样的颜色，使其适合大多数家庭的居家装修环境。

4.3.2.2 居家音乐健身教练员等在进行宣传及指导时，要顺应家庭环境的导向性，从居家环境出发予以宣传和科学的指导

相对于人们习惯去健身房或户外场地群居健身，新冠疫情之下以家庭为单位的居家音乐健身渐成趋势，既能强身健体，还能丰富居家生活，增进亲子交流，有利于家庭和睦。居家环境使全家老少可一同锻炼，虽每个人身体状况和运动能力不同，但选择适合自己的健身动作和频次在同一首音乐中完成，循序

渐进。在亲子陪伴中，孩子的锻炼欲望逐渐增强，中青一代和老一辈的交流沟通也自然增多，全家人一起锻炼的氛围也逐步形成，体育锻炼在家庭中蔚然成风。这样的家庭环境对于居家音乐健身指导者而言具有一定的导向作用，需要考虑家庭成员的黏性，思考推广居家音乐健身的老中少一起进行的运动模式，并进一步提倡居家音乐健身习惯养成。居家音乐健身是对健康生活方式的革新与保持，不只在抗疫时期，更应在今后的日常生活中。

5　大众居家音乐健身的设计实践

5.1　设计思维的展开与推演

5.1.1　设计定位

年轻女性为本次的设计定位人群，随着当下大众居家音乐健身热潮的开展，女性群体也在当下的居家音乐健身领域占据着不小的市场份额。不论是手机上的居家音乐健身软件，还是线下的各种居家音乐健身和瑜伽课程中，女性用户的数量都在逐年的攀升。在过去由男性主导的居家音乐健身房等场所，事实上女性用户数量在近两年对男性用户已经形成了碾压态势，而以白领女青年为主的年轻女性团体对居家音乐健身的需求也非常迫切，对于这些面临家庭与工作双重压力的现代年轻女性，家庭无疑是更舒适且给予充分个人空间的居家音乐健身环境。因此本次设计的女性居家抗阻训练器在市场前景上具有广泛的发展空间。

设计的定位地点是居家环境，在现在疫情常态的形势下，居家健身成为居家音乐健身的不二选择。对于女性群体来说，根据大数据以及问卷的调查结果，比起人数众多还要排队办卡等公众健身房，在个人空间进行家庭居家音乐健身或许更加有利于女性实现自我的休息与疲劳的恢复。在使用情境定位上，居家环境使产品在外观上必须考虑与家居环境的融入，在感官上给用户更好的体验。

综上所述，本设计可定位于为年轻女性群体所设计的居家多功能抗阻训练，着重考虑其多功能性，可折叠、舒适性、安全性、美观等方面的设计。

5.1.2　方案构思

通过前期缜密的调研分析，加上问卷调查得到的对用户心理与身体的分析，逐步形成了设计的前期方案，在采用多功能固定器械、拉力带、训练座椅的使用形式基础上，对结构进行优化，达到便捷与可收纳的目的，并设置交互屏增加智能功能等，运用手绘手段开始推导，对形态的大致方向进行构思，如图 5-1～图 5-3 所示。

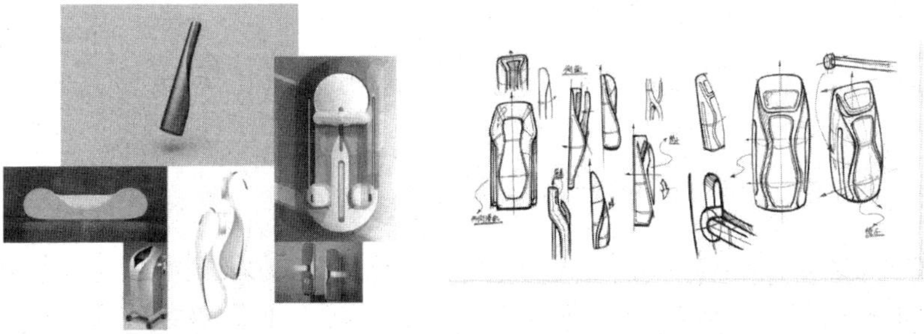

图 5-1　设计方案构思 1

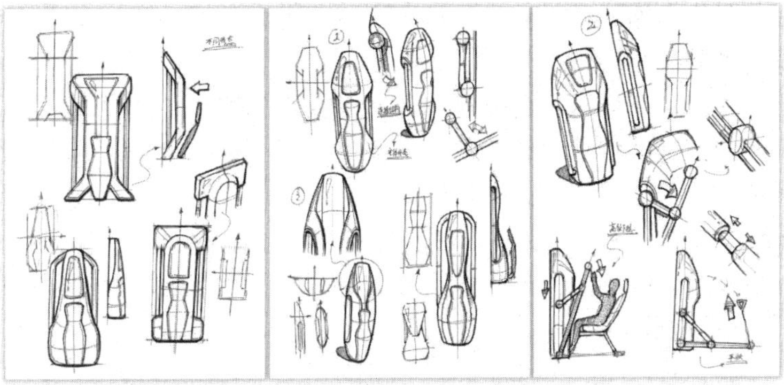

图 5-2　设计方案构思 2

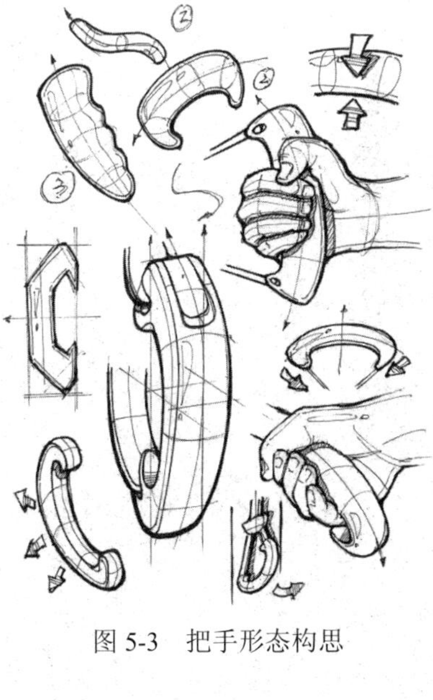

图 5-3　把手形态构思

5.2 居家音乐健身方式的设计与实现

5.2.1 设计思维的展开与推演

女性居家抗阻训练器的多功能使用方式主要由多功能折叠训练座椅和两侧可调节滑道两部分组成，结合前文的多项测绘与研究确定产品的尺寸。

在多功能训练座椅设计方面，市面上此种类型的训练座椅包含多种功能。如，仰卧起坐、上臂运动、俯卧运动、引腿向上、引腿后提、上臂拉伸、倒立运动以及集多种哑铃运动于一体的极其复杂的功能性。本次设计的女性居家抗阻训练器，因为考虑居家环境的产品体量以及折叠的方便性两个方面，对配合两侧支撑杆的多功能训练座椅的使用功能进行了一定的精简，其动作设计为推肩、反向飞鸟、臂弯举、臂屈伸、平板卧推、上斜推胸、高位下拉、坐姿划船、卷腹、深蹲、硬拉、提踵等动作，通过调节座椅角度和两侧滑道的角度来实现，在家庭环境下最大限度地模拟居家音乐健身房等专业训练场所的器材功能，如图 5-4～图 5-6 所示。

图 5-4　反向飞鸟动作示意图

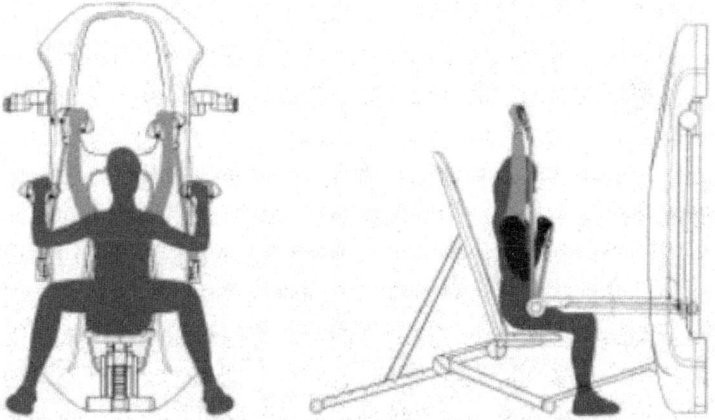

图 5-5　推肩动作示意图

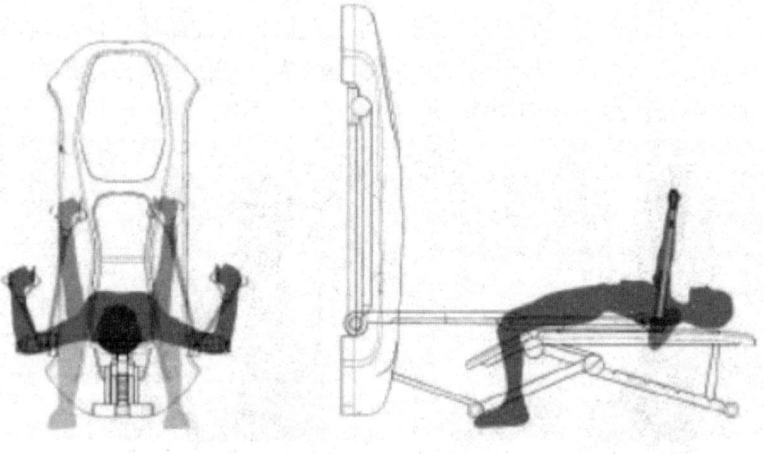

图 5-6　卧推动作示意图

另外主机体上的显示屏也为多功能使用方式提供辅助功能，用户自身佩戴的居家音乐健身辅助设备可以与机体进行互联，帮助监测用户居家音乐健身时的身体活动情况，为用户提供更加多元化和多功能化的居家音乐健身方案与实行措施。在家具化的设计方面，当产品处于非使用状态时，可以为用户提供充当蓝牙音箱、语音备忘录等智能功能。

5.2.2　家庭环境的设计与实现

设计家庭语境下的抗阻训练器就不得不考虑产品的折叠结构，本产品主要的折叠结构集中在多功能训练座椅和两侧滑道部分。为了使产品外观看起来更为整体，收纳快速减少占地面积，其下部的多功能训练座椅在结构上呈现为一连杆组的联动结构。用户在使用抗阻训练器时，通过两侧滑道中拉力带的阻抗力，实现全身锻炼的目的，能够充分地锻炼身体各个部分，是一款理想的女性居家抗阻训练器。

本次设计中的多功能折叠训练座椅有多种靠背位置和多样化的座椅调节位置，这意味着通过这个折叠结构，不仅实现对居家抗阻训练器的最简化收纳，而且通过倾斜、平坦和下降座椅，可以为用户提供更多适合的运动选择，有针对性地对肌肉展开训练。通过对折叠形式的研究与探讨，最终确定居家音乐健身椅的主要折叠结构由四根主支撑杆与两根副支撑杆组成，两根副支撑杆作为连接件，连接机体与多功能训练座椅折叠结构，四根主支撑杆围绕两个支撑轴进行折叠，靠近座椅中部的为主支撑轴，靠近坐垫处的支撑轴为副支撑轴，支撑杆通过环绕支撑轴达到最大化收纳的目的。

当用户使用产品时，将座椅完全放平的情况下整体呈现“入”字形，在一根主支撑杆上设计有不同的挡位，用户可以根据自身的需要来进行自主调节靠背的不同角度，使产品更加贴合个人的运动需求，方便用户使用抗阻训练器来自定义训练的动作组合，如图 5-7 所示。

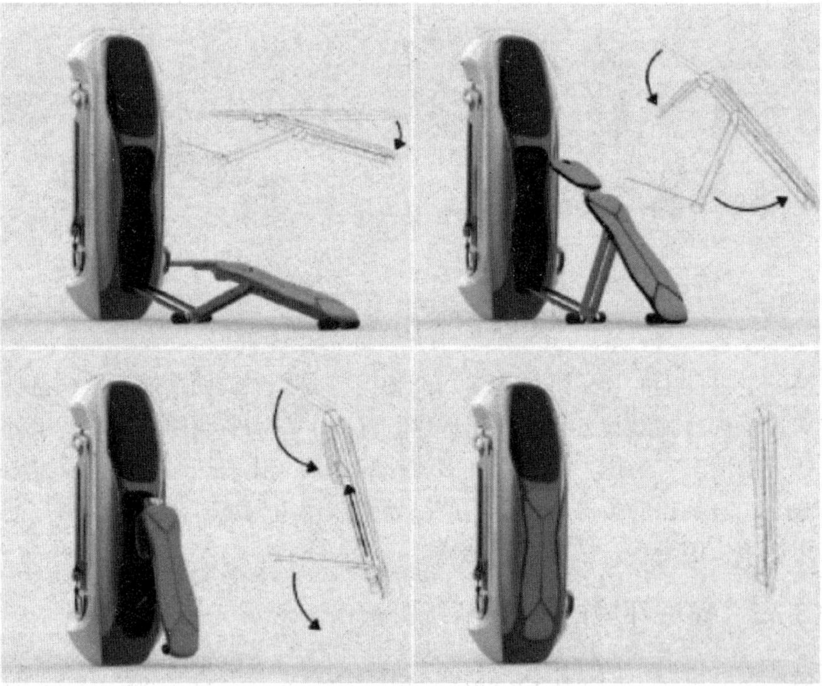

图 5-7　多功能训练座椅的收纳方式

两侧滑道为伸缩结构，为适应不同体格的人群，伸缩的结构更加合理，伸缩范围区间在 35～85 厘米之间，在滑道与主机体的连接部分设计可以向内和向外的旋转倾角，加大了两侧滑道的可活动范围，使用户在进行运动时有更大的活动区间，也可以拓宽用户的训练方式，如图 5-8 和图 5-9 所示。

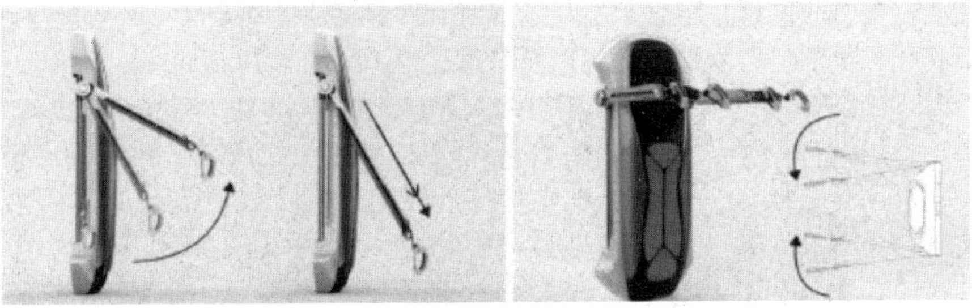

图 5-8　两侧滑道调节方式 1

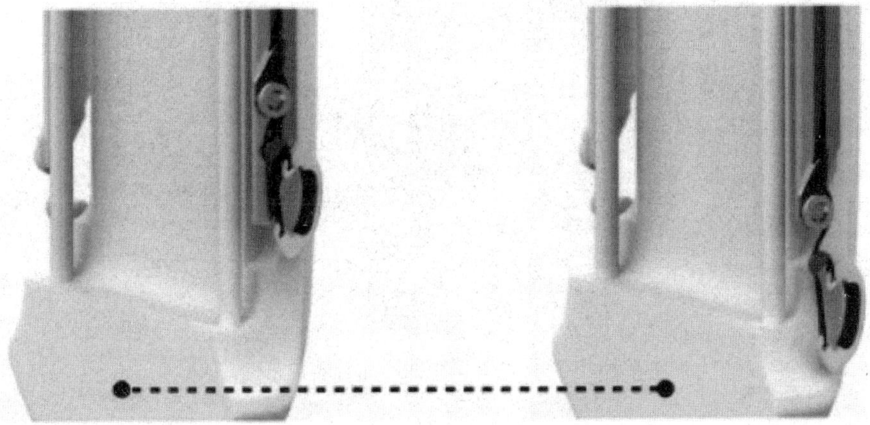

图 5-9　两侧滑道调节方式 2

5.2.3　健身环境的设计与实现

长久以来，女性群体在判断事物的美丑时都有属于自己群体的一种集体审美标准。随着女性意识的觉醒，以男性审美为主的产品设计外观特征正在向以女性用户为中心的产品设计外观特征平衡，体现女性审美意识的设计也越来越占上风。在设计中，无论是作为实践者、理论者、消费者，还是作为被表现的对象，女性已经以各种各样的方式参与到设计中。长期以来男性用户居多的抗阻训练器，随着女性用户的增加，产品也开始显现出女性化审美特征。本次设计的训练器作为为女性设计的居家抗阻训练器，将以女性审美作为外观的立足点。

基于前文的研究过程，本次设计的女性居家抗阻训练器在外观上采用了曲线形态，抛弃了以往居家音乐健身器械上硬朗的男性审美风格，使产品更加偏向女性审美趣味，大胆进行创新，将产品整体化，折叠座椅隐藏在整体中也与女性家中的整体家居氛围相契合。在外观上化繁为简，与居家音乐健身房中的专用大型器械相区别，配合智能显示屏对女性自身的锻炼及居家音乐健身计划进行优化，更加符合女性的性别以及身体需要，如图 5-10 所示。

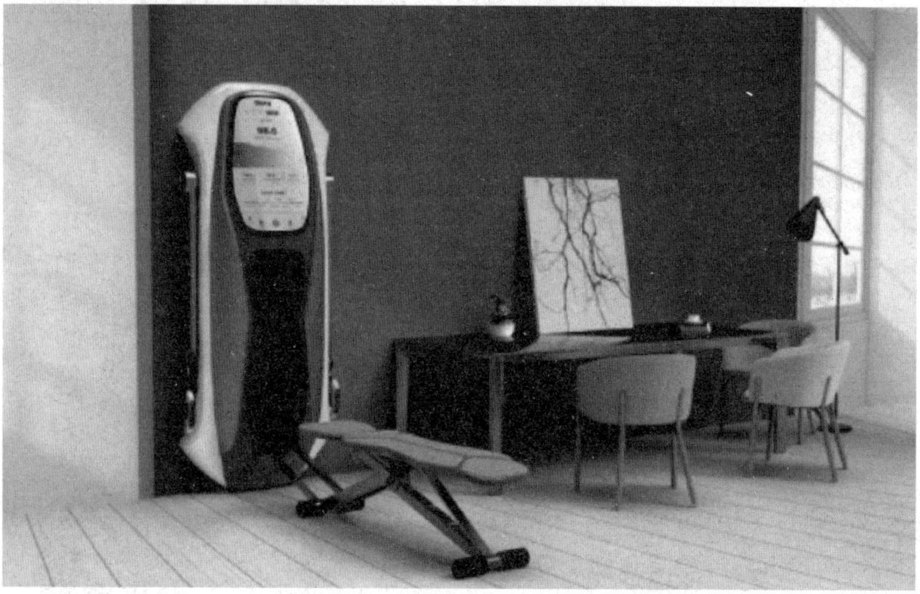

图 5-10　女性审美下的产品外观效果图

6 大众居家音乐健身的风险防范

6.1 大众居家音乐健身的饮食风险防范

从理论上讲，人们选择大众居家音乐健身的手段与方法是层出不穷的，但如何选择则应该慎重考虑，因为这些居家音乐健身手段与方法并不一定适合所有人。虽然大部分的大众居家音乐健身手段与方法是安全的，但仍有少数的练习手段或方法应该小心或避免使用，这是因为这些手段与方法具有“高风险性”，可能会给人造成身心受伤，抑或是给使用者造成的伤害超过了带来的好处。我们暂且称这类手段或方法为“风险活动”。所以，居家音乐健身应当根据个人身体条件区别对待，很多居家音乐健身的手段谁都可以使用，但是很多居家音乐健身的手段可能适合你并不适用于别人。很多的居家音乐健身手段看似并没有显性的效果，但是误用和误做会导致不同危害。为了充分发挥居家音乐健身的目的，要充分考虑其手段的效用。这样才可以避免很多的潜在危险。

避免居家音乐健身“风险活动”应采取的措施有：（1）音量过大对听力的损伤。音量太大可能会导致耳朵出现听力损伤，引发耳朵疲劳、耳鸣、听力下降等，甚至出现噪声性耳聋。音量太大还有可能会导致鼓膜突然充血，造成鼓膜穿孔甚至突发性耳聋。长时间听超过 90 分贝的声音，时长超过 30 分钟可能引起暂时性听力下降。（2）运动过量导致的身体不适。运动过程中一定要把握好运动强度与时长，适宜的运动既能达到锻炼效果，又利于身心健康。因此，在进行居家音乐健身活动时一定要控制活动的强度及时长。每次锻炼持续时间应在 15～60 分钟为宜，通常情况下锻炼时间需持续 20～40 分钟，达到适宜心率时间一般在 15 分钟以上，一般每周锻炼 3～4 次有较好的运动效果。在运动过程中如果感到身体不适应立刻停止运动。

大众居家音乐健身具有氛围营造的功能。清新干净的室内环境对于居家音乐健身的舒适度是很重要的，试想在一个极其杂乱、充满异味的房间里，音乐的体验感也是很低的。较好音质的音响或实体乐器能给人美好的体验感，低劣的音响所发出的尖锐的高频音不仅不能带给美的享受与身心健康的目的，还可能折损我们的听力。大众居家音乐健身还具有培养欣赏音乐的能力。音乐的心理作用随着音乐的欣赏能力的提高会产生变化，二者具有相辅相成的作用，可以使音乐的心理作用得到更好的发挥。很多人对养生居家音乐健身只适用于文化层次很高的少部分人的误解。然而，根据音乐生理作用这一功能的分析，音乐对机体最先产生的作用是生物性的，如，性别、年龄、音乐训练、文化修养等，以上这些生物性功能对音乐生理作用只起着辅助作用，而不是决定因素。大众居家音乐健身的乐曲选择要结合自身实际。大众居家音乐健身时选择乐曲可以根据自身的身体、心理、情绪等需要进行选择。如，当需要以音乐来缓解焦虑、舒缓身心时，可选择低频的音乐：中低音歌曲，或以大提琴、巴松管、单簧管等元素为主的音乐；或采用含有自然界元素的舒缓音乐，如流水、雨滴、海浪、鸟鸣，道法自然、守静修心。全程可跟随歌唱、舞动，或调息冥想，释放压力，精神身体均得到放松。当希望以音乐调动激情律动、增强自身活力时，可选择节奏感强、节拍清晰、旋律趣味性强的音乐。因时因地因需选择居家音乐健身方式，将音乐和居家音乐健身结合起来的方式会产生很多不同的效果。音乐运动居家音乐健身和其他的运动居家音乐健身的方式也要充分地进行考虑，并不需要特殊的条件。在日常休息的过程中，我们可以进行不同的居家音乐健身运动，可以帮我们舒缓身心和放松身体，获得更多益处。在进行居家音乐健身活动时，一定要注意力集中，跟着音乐节奏进行，置身于居家音乐健身活动全过程，才能达到理想的效果。

6.1.1　大众居家音乐健身前后饮食风险防范

一是切忌空腹时听进行曲。人在空腹时会产生较为强烈的饥饿感，而当人们听到具有震撼节奏感和铜管齐奏的进行曲时只会进一步加剧本体的饥饿感。二是切忌在进食时听打击乐。人在吃饭时欣赏快节奏的、大音量的、铿锵有力的打击乐时不仅会导致心跳加快、情绪不稳定等，还会影响食欲，导致食物的吸收和消化受阻碍。三是切忌在生气的时候听摇滚乐。摇滚乐通常是疯狂的、富有刺激性的。如果人在生气时听摇滚乐无疑是火上浇油，越听越愤怒。四是切忌在难过时听忧伤曲。当人处于忧愁状态和伤心之时，往往情绪郁闷、精神颓废，再听到忧伤曲时，只会感到共情或自我代入，就会愈发加剧悲伤郁闷，使人更加难以摆脱悲伤的心境。五是切忌在睡觉前听交响乐。睡前听到气势宏大、振奋人心、跌宕起伏的交响乐，只会令人精神亢奋、减少睡意，从而难以入眠。六是立体声音乐节奏明快，优美动听，许多人为之陶醉。但是，9 岁以下的孩子经常沉浸在立体声音乐中，甚至在写字、看书的时候都戴上立体声耳机，一听就是数小时，这对孩子，特别是幼小的婴儿的身心健康有很大的影响。

这主要是因为青少年的听觉器官正处于发育阶段，其鼓膜、中耳听骨、内耳等听觉器官都相对不够成熟且脆弱。当给青少年戴上立体声耳机收听音乐时，耳机会封闭住孩子耳朵的外道口，加上大音量的立体声音乐直接传入耳朵没有丝毫的缓和与回旋，强大的立体音量就会被集中地传递到脆弱娇小的鼓膜上，直接强烈地刺激着耳膜等其他听觉器官，进而使听神经长时间异常兴奋，孩子的听力必定就会受到影响。同时，大音量的立体声一定程度上来说就是噪声，青少年长时间接触必然会对身体造成一定的伤害。内耳的耳蜗听神经末梢细胞在长期的噪声刺激下，就会发生萎缩，从而慢慢地发生听力减弱现象。美国有所儿童医院曾对一些热衷于听立体声音乐或戴耳机收听立体声音乐 9 岁以下的孩子进行了全面的听力测定，结果证实大部分孩子的听觉器官都有不同程度的损伤，甚至有少数孩子的听力可能成为永久性的衰退。医学家认为，长期收听立体声音乐或使用立体声耳机的青少年，年龄与其听觉器官受到的危害成反比。另外，刺耳的立体声耳机音量还可使孩子变得爱激动、烦躁不安和疲劳，同时会导致学习成绩下降，而且影响他们身心的健康发育，容易引起一些病症，如头晕、恶心、血压增高、心跳加快、肌肉紧张、容易出汗等症状。由此可见，为了孩子的身心健康和正常发育，做父母的不要让孩子长时间收听立体声音乐，也不要把立体声音响音量开得过大，更不要给孩子戴上立体声耳机收听音乐。

6.1.2 大众居家音乐健身饮食禁忌风险防范

在日常居家音乐健身过程中的饮食，无论是在哪个锻炼期间都有很多的任务和要求。按照科学运动训练的要求和任务，健康的饮食模式可以带来很多不同的效果：碳水化合物的摄入要充分考虑需求；全谷物的摄入量要达到食物摄入量的 50%；饱和脂肪及反式脂肪摄入量不超过每日总能量的 10%；糖类的食物饮食不超过每天饮食的 10%；微量元素钠的摄入量不超过 2300 毫克。每天都应摄入水果、蔬菜来帮助身体能够快速地恢复和发展。建议每天的蔬菜摄入种类应该多种多样，摄入比例：深绿色蔬菜 10%左右，红色及橙色蔬菜 30%左右，豆类蔬菜 10%左右，淀粉类蔬菜 30%左右，其他蔬菜 20%左右。特殊情况：孕前孕期补充叶酸；某些疾病如萎缩性胃炎患者及 50 岁以上人群补充维生素 B_{12}；当日照不足或防晒给力时补充维生素 D；育龄妇女及青春期少女为预防缺铁性贫血，应适度加量摄入富含血红素铁的食物如瘦肉和海产品，非血红素铁食物主要包括豆类和深绿色蔬菜，人体不易吸收非血红素铁，如同时摄入富含维生素 C 的食物如水果和生蔬菜，可提高一些非血红素铁的吸收率。碳水化合物是人体最重要的能量来源，由于糖原每小时再合成仅 5%，建议在训练后尽早摄入碳水化合物1～1.2克/千克体重。这里特别要说明的是：摄入碳水化合物的血糖指数高低并不会影响增肌恢复效果，但高血糖指数的碳水化合物（尤其是添加糖）摄入过多将带来多方面的健康风险。因此如有条件，应优先选择营养密度高的碳水化合物食物补充。现有证据表明，训练后应尽早摄入优质蛋白质0.25～0.3克/千克体重，以提供建造和修复肌肉组织所需的氨基酸。对于运动员或居家音乐健身者的蛋白质摄入量要远高于普通的膳食指南，建议一整天的摄入量达1.2～2克/千克体重。

同时需要指出，由于身体需要足够的能量来优化蛋白质的代谢，当能量可用性降低（如减重减脂期间）时，则需要更高的蛋白质摄入量来支持肌蛋白合成和保持无脂质量。如部分运动员在赛前采取短期、快速的减重、减脂（这里说的快速并非网上说的一周狂减好几千克，而是指每周体重减轻接近但不超过1%）时，会额外增加蛋白质摄入量，在较短的时间里（一般不超过两周）大幅削减碳水化合物的摄入，蛋白质摄入量此时甚至可增至 2.3 克/千克体重。脂肪摄入量通常建议为总能量摄入的20%～35%，饱和脂肪的摄入量不应超过总能量摄入的10%。需要指出的是，从脂肪中的能量摄入小于20%并不会对训练目标产生好处，反而对健康有害。

6.2 大众居家音乐健身的运动风险防范

6.2.1 大众居家音乐健身噪声听觉风险防范

居家音乐健身主要包含以下几个主要内容：（1）人脑对于音乐的积极反应。音乐节奏的快慢，音乐旋律的情绪，不同乐器的色彩。（2）人体呼吸根据与不同音乐的合理配合。好的音乐无论通过何种形式表现出来，一定是符合人类呼吸的基本原理的。将自身呼吸与不用音乐自然的配合起来是对人体身心健康一种良好的引导。（3）对于不用音乐表现形式的积极想象。现实生活中我们很难做到对各种乐器的精通和各种风格音乐的掌握，但是我们可以在听觉的引导下，积极去开展想象力的培养，从而活跃自己的脑部思维，加强脑部神经元的触突，达到对脑部听觉皮层的锻炼功效。有关研究显示，长期聆听音乐的人，其听觉皮层较一般人扩展 25%以上。（4）适当的音乐选择对人心态的积极引导。音乐是人类情感表达的一种重要形式，当人的心态处于比较负面的时候，适当的音乐可以引导人的心态向着正面积极的方向。

随着现代化的电器音响设备越来越普及，精致小巧的双声道立体声放音机常使一些青少年入了迷。尤其是一些爱好音乐的年轻人，不论走路、骑车、吃饭、做功课和睡觉都戴着耳机收听，并且音量开得很大。于是，不久就会出现耳痛、脑涨、头痛、眩晕、烦躁、心率过快、注意力不容易集中、反应迟钝、思维能力减退等症状，对人体健康带来不利的影响。美国洛杉矶耳科医院格拉里戈医师经过研究认为，长期戴耳塞机的人所出现的各种症状就是“耳塞机综合症”的表现。格拉里戈医师曾用 7 年的时间调查了 4400 多名经常戴助听器、收音机耳塞机和音译器耳塞机的人，这些人平均每周戴耳塞机都在 15 小时以上，其中有 3700 人出现原因不明的听力减退、辨音不清和耳膜异常，当停止使用耳塞机两周以后，症状可以减轻或消失。

造成“耳塞机综合征”的原因首先是音量过高，其次是音量直接传入耳内无任何缓冲与过度。据测定，现在耳塞机的低音量是 85 分贝，最强音量达 130 分贝，长期噪声对耳的刺激可影响人的中枢神经功能，并严重损伤听觉细胞，甚至导致不能复原的噪声性耳聋。因此，耳塞机的放音量不宜过大，以柔和、不刺激耳为宜；不要长时间连续收听，每天不宜超过 1 个小时。同时，要经常做一些耳部按摩动作，以改善耳朵的血液循环，使耳膜保持良好的功能状态。具体方法是用手指不断地挤压和放松耳屏（俗称小耳朵）；或用手掌心在耳道口不时地做一压一松的动作，可帮助恢复耳膜功能。此外，将耳塞机像耳机那样悬挂在耳郭上，也可以有效地避免“耳塞机综合症”。卡拉 OK 是一项喜闻乐见的大众性的娱乐居家音乐健身活动。它不受场地限制，自演自唱，再配上美丽的场景，是一种自我享受欣赏的好形式，深受人们的欢迎。但有关专家指出，唱卡拉 OK 不可过度，否则有害健康，容易染上“卡拉 OK 病”。

“卡拉 OK 病”在医学上称为“声带症”，俗称“卡拉 OK 症”。其症状表现为声带水肿，生疮，声音嘶哑，轻度呼吸困难，喉部发干、疼痛等。在正常情况下，人的声带每秒钟震颤 50～100 次。演唱时，可高达 80～120 次。如果长时间持续不断地放声歌唱，声带黏膜就会充血，以致血管破裂、声带生疮。倘若演唱环境干燥、封闭，得病的可能性就更大。所以，防治“卡拉 OK 病”要注意以下几点：一是保持演唱周边环境空气清新且流通。二是不宜长时间歌唱开嗓。如果想唱歌，可采取分段演唱的方式。三是歌唱时间不宜太长，一般不要超过两个小时。四是未受过专业歌唱训练的人，不要盲目模仿职业歌手特别是仿照流行歌手扯着喉咙喊的唱法，以免损伤声带。

6.2.2 大众居家音乐健身噪声环境风险防范

噪声对于听觉的影响与其强度和持续时间有关。在日常生活中，噪声一般有两种：一种是指突然的、强烈的音响冲击耳朵，如近距离爆炸、放爆竹声、爆炒米花声等。这种噪声强度均在130分贝以上，它可以震破耳膜，影响声音向内耳传递，同时巨大的声响也损伤内耳，使内耳听觉细胞功能丧失，造成更为严重的听力减退，甚至导致听力消失。成语中“震耳欲聋”就是这个道理。我们曾经见到数例在春节期间放爆竹时由于爆竹落下刚好在小孩耳边爆响，使小孩听力严重损害的惨痛事例。另外一种噪声是指较长期地处于噪声环境中，它的声音强度没有上面一种大，一般在90分贝以上。此类噪声大都来自工厂，如铆工、锤击工、纺织工等。所以有的人认为这种听力损害和从事此项职业有关，称为“职业性耳聋”。特别不能忽视的是日常生活中的音乐噪声也可引起听力损害。如不少商业部门为了招徕顾客，把扩音器的音量开得很大。长时间处于节奏强烈、音响喧杂刺耳的迪斯科音乐下，也会损害内耳的感音细胞，使之失去正常功能，从而影响听力。

家庭噪声是造成儿童聋哑的病因之一。因为儿童尚未发育成熟，各组织器官十分娇嫩和脆弱。不论是对体内的胎儿还是出世的婴儿均可损伤听觉器官，使听力减退或丧失。据统计：当今世界上有上亿耳聋患者，其中相当部分是由噪声所致，若在85分贝以上的噪声中生活，耳聋者可达50%以上。此外，一些药物也会加重噪声对听觉的损伤，如治感冒头痛的阿司匹林以及庆大霉素、卡那霉素之类的抗生素，因而用这些药物后更要避免噪声刺激。所以，要想防止噪声对人体听觉的危害，首先，切断或降低噪声源；其次，从事高噪声作业的人要做好劳动保护，戴上防噪声的耳塞，不仅可防止噪声性耳聋，还可以保护一双明亮的眼睛，保护大脑、心脏及其他器官的功能。

6.3 大众居家音乐健身的疾病风险防范

目前，欣赏音乐已经成为大众居家健身方法的选择之一。然而并不是所有的音乐对人的身心发展都有好处与影响。国外一位心理学家曾对三个不同交响乐队的208名队员进行研究分析，结果发现，以演奏古典乐曲为主的成员，心情大都很愉快；以演奏现代强节奏乐曲为主的成员，70%以上患有神经过敏症，21%以上的人情绪低迷，很多人经常失眠、头痛、耳痛，长期下来对身心健康不利。自20世纪60年代后期，摇滚乐、迪斯科等现代强音乐在全世界盛行之后，虽然反映了当代青年的青春与活力，但是，由于这些音乐的打击音响配器因社会经济的逐渐发展也在逐渐升级，使音乐成为强烈噪声和强声波振动的组合体，乐声被高强烈快节奏的渲染音响取代。一些人欣赏这种音乐，精神始终处于紧张、亢奋的状态，对人们的身心健康会造成巨大的伤害。在很多舞场上，大功率的低音扬声器把音响从不同角度播放到震耳欲聋的程度，动人的音乐在这里变成了一种精神刺激。目前，有个别青年，无论是在歌舞厅跳舞唱歌蹦迪，还是在家中开放扩音机以及看电视都喜欢把音响声音开得过大，似乎这样才感觉有意义。其实，这样做不仅影响听力和身心健康，而且还可能导致神经系统、消化系统和内分泌系统等多方面的伤害，从而引起“现代强节奏音响综合征”。

经科学研究结果证实，凡是音量超过80～85分贝的音响就会开始对人体产生危害。据测定，在一般歌舞厅，播放除轻音乐之外的音乐，大多数音量均超过90分贝，迪斯科音乐节奏强烈，音量可达到100分贝以上，在摇滚舞音乐会的扬声器前面测定的音量，竟高达120分贝。1981年，美国曾出过一篇新闻，是这样报道的：在一场露天音乐会上播放节奏强烈的现代派音乐，播放的分贝导致300多名观众失去知觉，由此，当地医院发动了近百辆救护车对受害人进行抢救。由此可见，强节奏音响对人体健康危害之大。危害主要体现在通过植物神经系统反射性地抑制胃肠道的消化功能，前庭器官受噪声的影响也能引起恶心和呕吐，还可能导致由节奏强烈的音乐造成的感觉、神经、内分泌的功能紊乱，可产生心动过速、血压升高、头痛、眩晕、耳鸣、失眠等神经症及心血管系统疾病。因此，呼吁广大的民众，想要防止“现代强节奏音响综合征”，其关键在于音量，无论身处何地，无论进行任何的社交活动都不应该为了气氛和玩乐而将现场的音乐声音开到最大，否则，音乐即是噪声，危害人民群众身心健康。

7 结　　语

音乐治疗是一个循序渐进的过程,在这个过程中可以包含很多环节和要求,并不是像其他人那样的理解，认为音乐疗法是一种很简单的方法。音乐居家健身运动就是用一些有关的手段帮助人们进行更好的锻炼。音乐治疗过程分为三个阶段，有音乐治疗的开端、音乐居家健身的方法和音乐居家健身的过程，缺少任何一个因素都不能称其为音乐治疗。

音乐治疗是有其自身科学的系统治疗过程，包括各种不同方法和流派理论的应用。它不像人们以为的只是一项简单的治疗，而是科学合理的。音乐治疗不是人们以为的只是听听歌来让身心放松，而是运用一切与音乐有关的活动形式作为手段，如听、唱、器乐演奏、音乐创作、歌词创作、即兴演奏、舞蹈、美术等各种活动，

音乐治疗过程必须包括有音乐、被治疗者和经过专门训练的音乐治疗师这三个因素，缺少任何一个因素都不能称其为音乐治疗。没有音乐参与的治疗过程不是音乐治疗，因为在音乐治疗中，音乐是一个基本的因素，音乐治疗正是通过音乐的人际 / 社会作用、生理 / 物理作用和心理 / 情绪作用来达到治疗的目的。

参 考 文 献

著作

[1]石峰. 音乐与健康[M]. 北京：中国计量出版社，1992.

[2]范欣生. 传统音乐疗法[M]. 南京：东南大学出版社，1994.

[3]刘炎. 中华自然疗法[M]. 上海：上海科学技术文献出版社，1994.

[4]俞人豪. 音乐学概论[M]. 北京：人民音乐出版社，1997.

[5]焦春梅，相建华. 音乐与健身[M]. 北京：金盾出版社，1999.

[6]龚镇雄，李海霞. 物理学与音乐[M]. 南宁：广西教育出版社，1999.

[7]唐宏贵. 体育健身原理与方法[M]. 武汉：湖北人民出版社，1999.

[8]张凯. 音乐心理[M]. 重庆：西南师范大学出版社，2001.

[9]王竹影. 健身运动处方[M]. 南京：南京师范大学出版社，2003.

[10]谢俊逢. 音乐治疗舆论与方法[M]. 台北：大陆书店，2003.

[11]杨文轩，陈琦. 体育原理[M]. 北京：高等教育出版社，2004.

[12]裴海泓. 体育[M]. 北京：人民卫生出版社，2004.

[13]刘兆杰. 中国体育养生学[M]. 北京：中国古籍出版社，2004.

[14]曾遂今. 音乐社会学[M]. 上海：上海音乐学院出版社，2004.

[15]张前. 音乐表演艺术论稿[M]. 北京：中央民族大学出版社，2004.

[16]朱光潜. 文艺心理学[M]. 上海：复旦大学出版社，2005.

[17]王效恭. 教你学唱歌[M]. 北京：金盾出版社，2005.

[18]焦春梅. 音乐健身学[M]. 北京：中国社会出版社，2009.

论文

[1]春潮. 新媒体时代居家健身潮与健身品牌的营销策略——基于刘畊宏现象的分析[J]. 体育与科学，2022（5）.

[2]陈飞. 商品概念的哲学阐释及其社会认识论意蕴[J]. 社会科学辑刊，2022（9）：39-46.

[3]刘业飞. 体育馆室外场地植物景观设计研究[J]. 植物学报，2021，57(3)：407.

[4]刘文武. 新时代武术理论研究的发展方向——基于武术独特学科知识的思考[J]. 上海体育学院学报，2021，46（4）：76-84+95.

[5]杨建英，冯香红，徐亚奎，等. 太极拳套路分类交流探析——以交流比赛史为立足点[J]. 体育与科学，2021，43（1）：82-92.

[6]李冬梅. 我国大众健身公共体育空间供给现实窘境与发展对策[J]. 沈阳体育学院学报，2021，41（1）：83-89.

[7]张忠子. 储能设备在健身场地中的应用现状[J]. 储能科学与技术，2021，10（6）：2428-2429.

[8]牟粼琳，孙笑，沈克印，等. 区块链技术赋能体育健身产业的理论阐释、应用实例与推进策略——以上海角马私教 APP 为例[J]. 武汉体育学院学报，2021，55（7）：72-79+87.

[9]冯香红，杨建英，杨建营. “一个主体，两个分支”的太极拳发展格局探析[J]. 武汉体育学院学报，2021，55（6）：65-71+87.

[10]赵犇，相建华，熊文. 大众健身数量化发展取向的问题与改进——基于真善美视角的考察[J]. 体育学刊，2021，28（3）：49-54.

[11]郭冬梅. 高校体育场馆建设与管理——评《体育场馆管理：理论研究与管理实践》[J]. 工业建筑，2021，51（4）：218.

[12]刘蔚. 健身绿道景观设计实践[J]. 林业资源管理，2021（2）：45-51.

[13]陈伟，刘庆生. 网络时代大众健身行为新趋势[J]. 人民论坛，2021（2）：68-70.

[14]王真真，王相飞，张大超. 新型冠状病毒肺炎疫情下体育健康传播公共领域的建构[J]. 沈阳体育学院学报，2021，40（1）：1-8.

[15]杨学文. 冰雪文化与大众健身饮食思索——书评《科学饮食与健身益寿》[J]. 肉类研究，2020，34（12）：111.

[16]齐春燕，刘晖，王来东. 疫情下居家健身发展契机、特征及推进策略[J]. 体育文化导刊，2020（12）：71-75+83.

[17]方春妮，刘超. 新冠肺炎疫情对互联网线上体育用品市场影响的实证分析——来自阿里指数的证据[J]. 北京体育大学学报，2020，43（12）：84-95+103.

[18]毛迪，刘连发. 重大灾疫情景下大众体育参与的认知判断及价值引导——基于习近平弘扬伟大抗疫精神重要讲话的思考[J]. 体育与科学，2020，41（6）：1-5.

[19]卢文云. 习近平总书记关于全民健身的重要论述研究[J]. 北京体育大学学报，2020，43（11）：1-8.

[20]龚小泉. 青少年中长距离游泳运动员营养干预分析[J]. 食品研究与开发，2020，41（19）：234.

[21]钟丽萍，刘建武，范成文，等. 新冠肺炎疫情下在线健身的实践逻辑、发展态势与推进策略[J]. 武汉体育学院学报，2020，54（9）：34-41.

[22]孙哲，季城，于文谦. 疫情时期居家健身去中心化网络扩散模式研究[J]. 西安体育学院学报，2020，37（5）：532-537.

[23]田贞，张晓林，罗杰勋，等. 新冠肺炎疫情下家庭体育价值、特征与启示[J]. 体育文化导刊，2020（8）：55-61.

[24]徐姜娟. 体育运动员的训练及其合理营养摄入[J]. 食品研究与开发，2020，41（15）：218-219.

[25]黄明举. 谈食品营养和体育运动的协调发展[J]. 食品研究与开发，2020，41（14）：219.

[26]常任琪. "一带一路"背景下西安市体育赛事发展的机遇、问题与发展路径[J]. 河北体育学院学报，2020，34（4）：6-11.

[27]梁欣彤，万千个，任小红，等. 居家健身馆[J]. 装饰，2020（6）：42.

[28]张亮，焦英奇. 后疫情时代体育产业发展的空间转向与价值重构——基于新冠肺炎疫情背景下体育产业发展的分析[J]. 体育与科学，2020，41（3）：25-30.

[29]孙科，郇昌店，任慧涛，等. 危机与应对：新型冠状病毒肺炎疫情下的中国体育叙事[J]. 上海体育学院学报，2020，44（5）：1-15+46.

[30]万炳军，郭晨，张钊，等. 疫情期间微信"健身抗疫推文"的特征及风险反思[J]. 西安体育学院学报，2020，37（3）：267-275.

[31]梁民. 国家图书馆积极为疫情防控提供信息服务[J]. 国家图书馆学刊，2020，29（2）：78.

[32]梁秋语，张宗明，张其成. 从个人养生到大众健身——近代体育事业的发展、身体观之变迁及其当代反思[J]. 中华中医药杂志，2020，35（4）：1646-1650.

[33]徐建方. 疫情期间是否可以通过大强度的锻炼来提高抵抗力？[J]. 中国食品卫生杂志，2020，32（2）：189.

[34]申亮. 自治、乌托邦和身体的愉悦："休闲跑热"的多维解读[J]. 上海体育学院学报，2020，44（3）：94.

[35]孙湛宁，胡博然，程琳琳，等. 新型冠状病毒肺炎疫情期间我国民众居家健身意愿与参与情况调研报告[J]. 北京体育大学学报，2020，43（3）：46-56.

[36]王智慧. 规训与惩戒：新型冠状病毒肺炎疫情背景下的身体规训与认知转向[J]. 北京体育大学学报，2020，43（3）：1-13.

[37]黄芦雷娅，李星瑶，毕雪梅，等. 体育专业传播者主导的健康媒体传播运动研究——新型冠状病毒肺炎疫情防控期间“居家健身”为例[J]. 北京体育大学学报，2020，43（3）：98-105.

[38]王聃，何胜保. 体育人类工效学研究的问题向度与学理思考[J]. 体育与科学，2020，41（1）：43-47+111.

[39]李雪松. 绿道中健身运动空间规划设计实践——以上海环世纪公园绿道为例[J]. 中国园林，2019，35（S2）：98-102.

[40]张静. 成都打造国际体育赛事名城机会浅析[J]. 商讯，2019（35）：21+30.

[41]李雪，李顺昌，孙君志，等. 聚焦运动科学前沿热点　关注大众健身发展现状　共探竞技体育科技助力——2019 年第二届运动医学与健康学术会议综述[J]. 成都体育学院学报，2019，45（6）：8-13.

[42]姜诗斌，江作苏. “健康中国 2030”视阈下我国大众健身类数字出版对策研究[J]. 科技与出版，2019（10）：51-55.

[43]苗广超，宋金庄，魏婷，等. 我国马拉松赛事问题审视及应对路径[J]. 体育文化导刊，2019（1）：27-31.

[44]陈婷婷. 我国女大学生参与大众健美操健身活动的实验研究：以华南师范大学为例[J]. 首都体育学院学报，2018，30（6）：557-561+576.

[45]于萌，张琬婷. 基于“三次售卖理论”的大型体育场馆盈利模式[J]. 体育学刊，2018，25（3）：62-66.

[46]周德书，黄晓春. 当前我国全民健身热点及其未来发展研究[J]. 广州体育学院学报，2018，38（2）：1-3+15.

[47]申丽琼. 健身和休闲：大众体育科学的旨归——评《大众体育科学健身的理论与实践》[J]. 大学教育科学，2018（1）：134.

[48]徐春霞. 民俗体育项目采茶舞的传承与演变[J]. 福建茶叶，2017，39（12）：340-341.

[49]黄启龙，邓星华. 大众运动参与的媒介化现象探析[J]. 武汉体育学院学报，2017，51（11）：25-29.

后　记

音乐活动是全社会参与程度最高的一种文化活动之一，它不仅给人们以视听美的享受，而且是一种渗透进社会每个细胞的居家音乐健身形态。居家音乐健身的受众是广泛的，几乎包括社会的所有人群。音乐健身具有强身健体、疗疾康复、健康人生的神奇功效。本书就是这样一部阐述如何运用音乐手段，让大众居家增进身心健康，达到身体、精神和社会适应和谐发展的方法指南。

本书为大众提供了一本居家音乐科学健身锻炼的图书，极大地满足广大民众的居家音乐健身需求。特别是在疫情防控常态化的当下，本书以一种“大道多容”的心态，结合作者的研修体会，多方位地展示了居家音乐健身的概念、居家音乐健身的科学基础、居家音乐健身的科学方法和居家音乐健身风险防范措施等一系列居家音乐健身基础理论和实践应用的最新成果。因此，本书是原理与方法兼备，理论与实践同步，学术性与知识性相补的一本应用性、实践性著述。

本书不仅可以作为音乐工作者和体育工作者的参考书，也可以作为音乐学院社会音乐系和体育学院体育艺术系专业的参考书，当然更是提升国民素质、促进全民居家音乐健身的有益指导和借鉴的书籍。诚然，关于音乐与大众居家音乐健身问题的系统研究在我国刚刚起步，而用音乐强身健体、保健康复在我国也才刚刚兴起，愿本书能做引玉之砖，让大众居家就能达到音乐健身的目的。

由于作者知识水平所限，仓促成稿，错误和疏漏在所难免，恳望同行和读者朋友批评指正。另外，在成书过程中参考的文献资料较多，限于篇幅不能在这里一一列举，谨向原文作者表示歉意和衷心地感谢！同时，感谢山西大学相建华教授、成都体育学院艺术学院音乐系邱文杰博士、陈泽刚博士对本书撰写给予的指导，在此，深深致谢。

杜康华

2022 年 3 月 26 日于武侯祠畔